THOMAS
OBERENDER

EMPOWERMENT OST

WIE WIR ZUSAMMEN WACHSEN

TROPEN SACHBUCH

MIX
Papier aus verantwortungsvollen Quellen
FSC® C083411

Tropen
www.tropen.de

Printed in Germany
Cover: Zero-Media.net, München
Gesetzt von C.H.Beck.Media.Solutions, Nördlingen
Gedruckt und gebunden von CPI – Clausen & Bosse, Leck
ISBN 978-3-608-50470-5

Bibliografische Information der Deutschen Nationalbibliothek
Die Deutsche Nationalbibliothek verzeichnet diese Publikation in der Deutschen Nationalbibliografie; detaillierte bibliografische Daten sind im Internet über http://dnb.d-nb.de abrufbar.

21. JULI 2019 Der Park Akadimia Platonos liegt nordwestlich des Zentrums von Athen. Seine großen, trockenen Wiesen sind im Sommer von breiten Wegen und Trampelpfaden durchzogen. Zwei einspurige Fahrstraßen trennen den Park in kleinere Teile. Kinder spielen hier, Jugendliche machen Musik und die verschiedensten Communitys bilden ihre sozialen Inseln im Grünen.

Im südöstlichen Teil, oberhalb der Vasilikon Straße und unweit der Agios-Trifon-Kirche, befindet sich der archäologische Park der Platon Akademie. 387 v. Chr. hat Platon hier einen Kultbezirk für die Musen und seine philosophische Schule gegründet, in einem Hain außerhalb der Stadtmauern Athens, der nach dem mythischen Helden Akademos *Akademeia* genannt wurde. Die auf einem tiefer gelegenen Plateau des Parks gelegenen Grundsteine des antiken Schulgebäudes bilden ein Karree aus kniehohen Mauersteinen, denen die umstehenden Olivenbäume und Pinien Schatten spenden.

Wie durch ein Wunder konnte diese historische Stätte über viele Jahrhunderte hinweg von den Athenerinnen und Athenern als ein freier, öffentlicher Ort erhalten werden.

2015 gründete die Künstlerin Joulia Strauss in Platons Garten die *Avtonomi Akadimia* – eine autonome Akademie, die ihr Bildungskonzept als eine Form aktivistischer Praxis versteht. Zugleich war Strauss' Akademie Teil des Widerstands vieler Anwohner und Athener gegen die geplante Überbauung des Parks durch eine Shopping Mall, wie sie von der Firma BlackRock geplant worden war. Dank der vielfältigen Proteste wurden diese Pläne in letzter Sekunde abgewendet, die Akademie hingegen lebt seither weiter. Nachdem wir bei den Berliner Festspielen anlässlich des 30. Jubiläums der Maueröffnung den abgerissenen Ostberliner »Palast der Republik« als einen »Palast der Gegenerzählungen« im Westen der Stadt wieder errichtet hatten, wurde ich drei Monate später von der Avtonomi Akadimia eingeladen, in Athen von meinen Erfahrungen mit der deutschen Wiedervereinigung zu berichten. Ungefähr 30 Gäste aus Griechenland, England und Deutschland waren gekommen. Als wir begannen, war die Sonne gerade hinter den alten Pinien verschwunden, am Ende unserer Begegnung war es tiefe Nacht.

Dieser 21. Juli war Tag eines heftigen Erdbebens, dessen Epizentrum nur 60 Kilometer von Athen entfernt und ungewöhnlich nahe der Erdoberfläche lag. Ich erlebte die wenigen, aber starken Erdstöße gegen Mittag in einer Apotheke, die plötzlich erbebte, als würde ein Panzer das Gebäude rammen – die Arzneimittel fielen aus den Regalen und die Angestellten liefen, ohne sich weiter um ihre Kunden und Kasse zu kümmern, telefonierend ins Freie. Jetzt, am Abend in diesem Garten, saßen die Besucherinnen und Besucher der Akademie auf den antiken Steinen des Schulgebäudes und verteilten Wasser und Antimückenspray.

JOULIA STRAUSS: Nehmen wir uns drei Minuten, um uns mit dem Herzschlag der Erde zu synchronisieren.

THOMAS OBERENDER: Oh ja, der Herzschlag der Erde war heute intensiv zu spüren, danke. Es freut mich sehr, dass wir uns in diesem besonderen Garten treffen. Ich werde von Erfahrungen sprechen, über die ich selten rede. Ich habe mich über diese Einladung sehr gefreut und es macht in Griechenland auch einen besonderen Sinn, über die deutsch-deutsche Geschichte aus einer spezifischen Perspektive zu sprechen, die im Ausland, das Deutschland eher als einen machtvollen, monolithischen Block erlebt, kaum wahrgenommen wird. Das gilt auch für das Selbstbild der Deutschen in Deutschland , das in den

Medien und im politischen Diskurs überwiegend westdeutsch geprägt ist. Die Lage im Osten Deutschlands, 30 Jahre nach der Wiedervereinigung, ist mir besonders nah, da ich in Ostdeutschland geboren wurde und zur letzten Generation zähle, die dort noch erwachsen wurde. Zugleich haben die Wahlerfolge der rechtspopulistischen AfD heute zu einem sehr viel breiteren Interesse an den gesellschaftlichen Entwicklungen in den neuen Bundesländern geführt – was mit einer scheinbar kaum erklärbaren Polarisierung zwischen einem sich politisch radikalisierenden Osten und bürgerlich gemäßigten Westen verbunden ist. Auch ich möchte das nicht erklären. Ich bin kein Soziologe oder Historiker, sondern folge meinen Erinnerungsspuren an die letzten 30 Jahre und versuche, die Entwicklung meiner eigenen Gefühle zu verstehen.

Rückblickend fällt mir auf, dass ich nie Ostdeutscher sein wollte, weder in der DDR noch danach. Ich habe mich auch lange nicht als solcher empfunden. Als ich in der ehemaligen DDR aufwuchs, fühlte ich mich, als ob ich bereits »draußen« wäre. Die DDR, dieses offizielle Land mit seinen Behörden und Riten, das waren die anderen. Ich war 23, als die Mauer geöffnet wurde. Aber ich hatte auch zuvor nie das Gefühl, auf Dauer hinter der Mauer eingesperrt zu bleiben. Ich war überzeugt, ich würde rauskommen, ohne fliehen zu müssen – durch meine Arbeit, meine

Neugier, Intelligenz, etwas, das sich nicht einsperren lässt. Vielleicht war das nur jugendliche Zuversicht, aber ich war mir dessen gewiss. Ich wurde in der DDR durch Westliteratur geprägt, die Romane Pynchons, die Denker der jungen Postmoderne, Grenzgänger wie Heiner Müller und vor allem natürlich Popmusik, Fernsehen und Kino aus dem Westen. Dieses zu uns gelangte Aroma des Westens erzeugte auf magische Weise eine Erfahrung von Freiheit. *Das* war der »Westen« – viel mehr als seine politische und wirtschaftliche Realität. Die Distanz zum DDR-Staat, seinem Militarismus mit Schulappellen und Handgranatenweitwurf im Schulsport, diese Angst, ständig für irgendwas bestraft werden zu können, all das führte im Laufe der Zeit zu einer inneren, alternativen Realität, in der ich mehr zu leben glaubte als in dem offiziellen Land, das mich umgab. Sieht man von wenigen Lehrern oder Freunden ab, waren es nur die Kunst und Popkultur, die eine andere Sprach- und Empfindungswelt förderten, und so bewegte ich mich mitten in der späten DDR irgendwo zwischen James Baldwin, Perestroika und Neuer Deutscher Welle.

Und, wie soll ich sagen, in diesem »Garten« konnte ich wachsen. Andere konnten das in diesem Land nicht, sind ausgereist oder geflohen oder haben sich radikalisiert. Ich habe die Abgeschlossenheit und Überwachung ertragen, weil es daneben auch etwas anderes gab – die Familie, Freunde und die erste Liebe, Bildung, einen offenen Diskurs in der Kirche und Erfolge in vielen kleinen Dingen. Ich hielt mich an Menschen, die kritisch waren, wach, oft älter als ich. Und als in diesem zerbröselnden Staat 1989 die Proteste lauter wurden, fühlte es sich für uns vollkommen natürlich an, dass dieser Wandel kam, dass – dieser »inneren« Realität folgend – nun auch da »draußen« andere Verhältnisse entstanden.

Mit der ostdeutschen Identität war es also schon zu Ostzeiten eine spezielle Sache. Zum »Bürger der DDR« bin ich damals vor allem dann geworden, wenn ich Menschen aus dem Westen getroffen habe. Ihnen habe ich diesen Staat seltsam hingebungsvoll erklärt und ihn in der Regel verteidigt, obwohl ich sonst in kritischer Distanz zu ihm stand. Als ich in Weimar zur Berufsschule ging, war ich einer der ausgesuchten Lehrlinge des Kombinats *Fortschritt*, die an einer Schülerbegegnung mit Abiturienten aus Westdeutschland teilnehmen durften. Sie waren, einer Tradition der dortigen Schulen folgend, auf eine Bildungsreise in die DDR gekommen, wofür die Klassikerstadt Weimar ein besonders beliebter Ort war. Die Fragen und kritischen Beobachtungen der Jungen und Mädchen von »drüben« führten dazu, dass ich, und nicht nur ich, beteuerte, dass diese DDR nicht nur Unfreiheit und Zerfall produziert, sondern auch einige, sonst kaum erwähnte Errungenschaften.

Und nach diesem Treffen ging ich dann zurück in dieses Land, mit einem geschenkten Kaugummi im Mund, und konnte mich und meine Worte nicht fassen.

So, wie ich heute noch immer staune, wenn ich mir den Anfang der Revolution von 1989 in Erinnerung rufe: Sie begann mit einer Handvoll mutiger Leute. In Leipzig, Jena, Berlin und bald in vielen Orten der DDR. Diese kleinen Gruppen protestierender Leute hatten aufgehört, Angst zu haben. Entgegen der eigenen Erinnerungsbilder waren es eben keine Menschenmassen, sondern ein paar Dutzend Menschen, die auf die Straße gingen.

Im Sommer 1989 gab es eine große Auswanderungswelle aus der DDR über Ungarn und über die Botschaft der BRD in Prag. Auch deshalb wurden die Auseinandersetzungen in der DDR langsam offener geführt. Und neben den Flüchtenden gab es immer mehr Menschen, die sich bewusst entschieden zu bleiben, um dieses Land zu verändern. Schon lange zuvor hatten sich verschiedene Reformkräfte unter dem Dach der Kirche organisiert und eine unabhängige Umwelt- und Friedenspolitik betrieben oder versucht, vielerorts die Altstädte vor dem Verfall zu retten. In einigen Städten gingen diese Leute irgendwann nach den Friedensgebeten aus den Kirchen hinaus auf die Straßen.

Damals hatte ich gerade meine Armeezeit hinter mir. Das hat meine Wahrnehmung der Straßenproteste sehr geprägt. Anfang Juni 1989 wurden beim Tian'anmen-Massaker in Peking zweieinhalbtausend demonstrierende Studenten ermordet. Ich dachte, dass so etwas auch in der DDR passieren kann, wenn sich der Protest in einen Massenprotest verwandelt. Ich hatte eben noch in dieser durchideologisierten Armee gedient, hatte Offiziere erlebt, die unsere Spinte kontrollierten, uns rückwärtslaufen ließen, wenn wir die Hand nicht schnell genug zum Gruß am Mützenrand erhoben hatten – diese Stasiprofis und Parteimitglieder sollten das Aufbegehren kampflos geschehen lassen? Bei den ersten großen Demonstrationen spürte ich vor allem, dass es gefährlich war. Aber ich spürte auch, wie gut es sich anfühlte.

Anfang September 1989 war ich in Leipzig unvermittelt zum ersten Mal in eine solche Demonstration geraten. Ich wollte einen Freund besuchen, einen Maler, der am anderen Ende der Stadt wohnte. Auf einmal stoppte die Straßenbahn am Leipziger Zoo und ich musste zu Fuß weiterlaufen, ohne dass eine Erklärung gegeben wurde. Auch die große Ringstraße war gesperrt. Als ich auf den Leipziger Hauptbahnhof zuging, sah ich etwa 30 oder 40 Menschen in der Nähe des Haupteingangs demonstrieren. Ich weiß, dass sich am 4. September zum ersten Mal tausend Demonstranten rund um die Nikolaikirche versammelten, und die Menschen, die ich am Bahnhof sah, waren wahrscheinlich ein Teil dieser Proteste. Die Polizei hatte Straßensperren errichtet, wie man sie sonst von den Jubelumzügen am 1. Mai kannte. Auf der einen Seite standen die Leipziger und applaudierten den Demonstranten auf der anderen Seite des Zauns. Das waren Menschen, die wirklich etwas riskierten. Und während auch ich ihnen applaudierte – wie die anderen um mich herum –, dachte ich: Du kannst doch nicht diesen Leuten ›Bravo‹ zurufen und sagen, ›Hey, toll, dass ihr das macht!‹, und selbst nur Zuschauer bleiben. Also kletterte ich über die Absperrung und ging zu ihnen. Aber es war durchaus seltsam – sie kannten mich ja nicht. Sie konnten nicht wissen, ob ich von der Stasi bin, und ich mochte auch nicht einfach ihre Slogans mitbrüllen. Ich wollte nur bei ihnen sein. Tatsächlich war ihnen das ziemlich egal. Ich sah, wie Polizisten kamen und jemanden aus der Gruppe ergriffen, herauszogen und wegbrachten. Aber keiner hörte auf. Ich fühlte mich unter ihnen wie ein Zuschauer, allein, fremd, hatte natürlich auch Angst und wollte jetzt dringend diesen Freund, zu dem ich unterwegs war, als Verstärkung holen. Ich lief also los und sah auf dem Weg in nahegelegenen Seitenstraßen zum ersten Mal diese vielen Mannschaftswagen mit heruntergeklappten Rückplanken, in denen Bereitschaftspolizisten warteten. Als ich bei meinem Freund ankam, war er nicht zu Hause. Von seiner Freundin erfuhr ich Monate später, dass er an diesem Tag auf der anderen Seite gestanden hatte, bei den Stasi-Leuten. Sie erzählte mir, dass er schon als Teenager angeworben wurde. Es war eine übliche Perfidie der Stasi, den diffusen Idealismus, Ehrbegriff und sicher auch etwas Einsames bei Minderjährigen auszunutzen – das hätte mir vielleicht genauso passieren können.

Ich glaube der Umstand, dass Armee und Polizei an jenem Tag, als ich so verwirrt durch Leipzig lief, nicht geschossen haben, hat in der Folgezeit mehr und mehr Menschen dazu bewogen, sich der Protestbewegung auf den Straßen anzuschließen. Aus tausend wurden zehntausend und dann hunderttausend Protestierende und so weiter. Nur gut einen Monat später, bei der riesigen Montagsdemonstration am 9. Oktober in Leipzig, stand die Situation wirklich auf Messers Schneide. Die massiv präsente und bewaffnete Armee griff nicht ein und ich denke, von diesem Tag an war die Zukunft offen. Es brauchte aber am Anfang diesen Mut dieser Wenigen, die Applaus bekamen oder von der Stasi verprügelt oder verhaftet wurden. Sie waren eine andere Art von Außenseitern, Leute, die sich auch mal zu wehren wussten, wenn die Polizei sie schlug. Innerhalb weniger

Wochen wurde dieser versprengte, störrische und nur zum Teil kirchliche Widerstand zu einer Volksbewegung. Die Bürgerrechtsbewegung ergriff die Massen und brachte wenig später das System zum Einsturz.

Die Freiheit, diese heute kaum mehr vorstellbare Freiheit, die ich 1989 erlebte, als die Mauer durch den Druck der Straße geöffnet wurde, war schon vorher bei den Demonstrationen zu spüren, und nun wurde sie süß und grenzenlos. Diese repressive DDR war über Nacht ein Phantomstaat geworden, das Gitter war weg, niemand hatte länger Angst vor Polizisten. Ich wollte nach der Öffnung der Mauer drüben alles sehen, alles tun und erkunden, aber in den Westen gehen wollte ich nicht. Plötzlich war es in Berlin, wo ich zu dieser Zeit studierte, viel aufregender. Überall standen im Osten Berlins jetzt Wohnungen leer, die man sich nur zu nehmen brauchte. Und das habe ich auch getan. Über zehn Jahre lebte ich in besetzten Wohnungen, zum Teil mit den Möbeln der geflohenen Vorbesitzer. Ich war genau im richtigen Alter, die Giftschränke der vormals verbotenen Bücher standen weit offen und alle waren wir plötzlich gleich. Es gab diesen kurzen Frühling der Anarchie, in dem die DDR noch bestand, aber alles neu verhandelt wurde. Und dieses Interim war die beste Zeit, die wir in Ost und West je miteinander hatten. Mit dem

Einheitsvertrag kam das neue Geld und der neue Staat, kamen die neuen Experten aus dem Westen, die Vorgesetzte wurden. Es fand eine ungeheure Verdrängung des Ostens aus dem Osten statt – was so herausfordernd, chancen- und folgenreich war, dass ich 25 lange Jahre keinen Grund sah, mich noch mal um die DDR zu kümmern. Das änderte sich erst vor etwa fünf Jahren.

Kennen Sie das Gefühl, wenn Sie ein neues Buch in den Händen halten, darin blättern und sich an den frischen Schnittkanten schneiden, ohne es zu merken? Plötzlich sehen Sie Blutflecken auf den Seiten und verstehen nicht, woher das Blut kommt, weil Sie den Schnitt im Finger nicht gespürt haben. Das ist das Gefühl, das ich 30 Jahre nach der Wiedervereinigung habe: Etwas beginnt zu bluten, es tut nicht weh, aber da sind diese Spuren überall. Ich sehe, dass ich verletzt worden bin, ohne den Moment genau wahrgenommen zu haben, und dann entdecke ich, wo das Blut herkommt.

Ich denke, dieses Gefühl kennen viele Menschen in Ostdeutschland. Etwas hat sie verletzt, aber sie merkten es kaum. Was ist passiert? Wieso ärgert mich auf einmal die Art, in der über den Osten gesprochen wird?

Ich erinnere mich an eine Einladung 2017 im Kanzleramt, bei der die Kulturstaatsministerin Monika Grütters eine Rede am Weltfrauentag hielt, um für die Erhöhung der Frauenquote in den Führungsgremien der Medien und der Wirtschaft zu werben. Im Grunde freuten sich natürlich alle mit ihr, aber es fiel kein Wort darüber, dass es vor 30 Jahren bereits eine reale Vollbeschäftigung für Frauen gegeben hatte. In der gleichen Stadt, vor der Haustür. Dass es ein Kinderbetreuungssystem, Ferienlager, Haushaltstage gegeben hatte, die das ermöglichten. Dieses System hatte Schattenseiten, aber es hat existiert, es gab keinen Gender-Pay-Gap und als ich später am Abend bei einem Empfang eine SPD-Ministerin aus Köln fragte, wie sie es fand, dass diese Dinge nicht erwähnt wurden, erwiderte sie: Wenn man über den Nationalsozialismus spricht, sei es eben auch falsch zu sagen: »Aber die haben wenigstens die Autobahn gebaut …«

Die Gleichsetzung des Dritten Reiches mit der DDR hat mich schockiert. Sie zeigte, dass es keine Möglichkeit gab, auch nur einzelne Aspekte des Lebens in der DDR wertzuschätzen, jedenfalls nicht aus der Sicht der westdeutschen Mehrheitsgesellschaft, ohne sogleich die Verantwortung für die Mauertoten und den ostdeutschen »Unrechtsstaat« sofort persönlich mit zu übernehmen. Ich will diese Verantwortung auch nicht leugnen, aber es gibt eben doch einen großen Unterschied zwischen dem Nationalsozialismus und der DDR und für diese Gleichsetzung muss sich scheinbar niemand entschuldigen. Solche Aussagen und das öffentliche Sprechen über den Osten in den überregionalen Medien haben mich empfindlich gemacht. 2017 schrieb ich einen Text über den kolonialen Gestus der westdeutsch dominierten Politik und Medien mit dem Titel *Die Mauer ist nicht gefallen*. Es ist ja nur selten die Sichtweise der Ostdeutschen selbst zu hören – fast ausnahmslos werden die überregionalen Medien von Westdeutschen geleitet, allerdings ohne dass diese »Normalität« sich in ihrer Spezifik selbst wahrnimmt.

Die im Radio und Alltag ständig verwendete Redewendung vom »Fall der Mauer« ist dafür ein gutes Beispiel. Ich habe mich 1989 befreit gefühlt, aber durch unser eigenes Handeln. Die Mauer ist nicht gefallen wie ein Blatt im Herbst.

Die Revolution in Ostdeutschland glich einer Reise hin zu etwas, das wir erst noch finden wollten. Das war nicht zwangsläufig der politische Westen. Am Anfang stand, dass wir sehr genau wussten, was wir *nicht* mehr wollten – dieses Leben in Unwahrheit, eingesperrt sein und ausgespitzelt werden im eigenen Land. Wir haben für demokratische Reformen demonstriert und bis zum November 1989 nicht für die D-Mark und auch nicht für die deutsche Einheit. Der so umfassende Umbruch dieser Herbstmonate war geprägt vom Staunen über die eigenen Leute, die

Kreativität des Protests, die Möglichkeiten zu gestalten. Wenn ich 30 Jahre später an diese Zeit zurückdenke, glaube ich, dass es produktiv ist, sich diese Reformgeschehnisse erneut anzuschauen. Aus einem gegenwärtigen Blickwinkel war damals ein Aufbruch im Gange, dessen Systemfragen und Ansätze, sich aus der Herrschaft der Ökonomisierung zu befreien, heute ganz unvermutet wiederkehren.

Für mich ist die Revolution von 1989 eine bedeutsamere Erfahrung als die Wiedervereinigung. In mancher Hinsicht trennt die Vereinigung uns Deutsche eher, als dass sie uns vereint. Wir haben sie so unterschiedlich erlebt, vor allem die Folgen. Im Grunde suchen wir noch immer nach dem richtigen Ausdruck oder Ritual für diese Erfahrung. Die Wahl des Datums für den neu entstandenen Feiertag des *Tags der Deutschen Einheit* ist ein gutes Beispiel für die ungleiche Erfahrung der Wiedervereinigung, denn Ostdeutsche und Westdeutsche nehmen die Bedeutung des 3. Oktobers 1990 und des 9. Novembers 1989 völlig anders wahr. Der 3. Oktober war der Tag, an dem der Beitritt der ostdeutschen Länder zum Geltungsbereich des Grundgesetzes der damaligen Bundesrepublik in Kraft trat, unterzeichnet wurde der dazu notwendige Vertrag bereits im August 1990. Dies war ein folgenreicher Vorgang, der allerdings administrativ blieb. Der 9. November 1989 war hingegen als Tag der Maueröffnung ein Tag gesamtdeutscher Freude. Da es aber auch das Datum der Reichspogromnacht ist, in der die Nazis 1938 Synagogen in Brand gesteckt und tausende Juden verhaftet und getötet haben, konnte dieser Tag, da waren sich Ost- und Westdeutsche einig, nicht zum Feiertag werden.

Näherliegend war aus ostdeutscher Wahrnehmung die große Demonstration vom 9. Oktober 1989 in Leipzig, als auf die 70 000 Demonstranten nicht geschossen wurde. Für die DDR war dieser 9. Oktober in Leipzig der entscheidende Wendepunkt, da sich zeigte, dass sich die Sowjetunion nicht einmischte und es keine gewaltsame Eskalation gab. Jeder spürte plötzlich, dass eine Situation wie 1968 in Prag entstanden war – eine Generalaussprache und ein grundlegender Wandel. Das musste nicht notwendigerweise auf die Eingliederung der DDR ins kapitalistische System hinauslaufen – man sprach 1989 über die Möglichkeit eines reformierten Sozialismus, der auch Aspekte des westlichen Systems miteinbeziehen sollte, insofern sie sich für einen Neuanfang anboten. Alles war offen. Dies war auch noch die Stimmung bei der großen Demonstration auf dem Berliner Alexanderplatz am 4. November, als eine halbe Million Menschen zusammenkamen. Die Führungsriege der DDR dankte ab und am 9. November wurde die Grenze geöffnet. Doch was erlebte man am 3. Oktober 1990? Es ist das Datum der Umsetzung einer Verwaltungsreform und die Entscheidung, den neuen Nationalfeiertag als *Tag der Deutschen Einheit* auf dieses Datum zu legen, zeigt deutlich: Der 9. Oktober und 4. November waren – gesamtgesellschaftlich betrachtet – lediglich die bewegende Erfahrung einer Minderheit. Der 3. Oktober hingegen steht für das, was aus westdeutscher Sicht die entscheidende Veränderung darstellt: Der Einheitsvertrag tritt in Kraft und die DDR dem Geltungsbereich des Grundgesetzes bei. Vielleicht spielt es letztlich keine Rolle, welcher Tag gewählt wurde, auch die Geburt Jesu wurde, wie wir heute wissen, im Nachhinein festgelegt, aber es ist eben dieses Wissen, das der Selbstverständlichkeit einen gewissen Bruch verleiht und auf Machtgefüge hinweist, die im wiedervereinten Deutschland für lange Zeit unbemerkt blieben.

Der Herbst 1989 war ein »window of opportunity« – eine seltene Gelegenheit, bei der sich die Geschichte in jede Richtung entwickeln konnte. Ich betone das deshalb, weil die Bürgerbewegung im Osten bis zur Maueröffnung selbst sehr genaue Vorstellungen hatte, was sich ändern soll: Sie wollte freie Wahlen, Meinungs-, Presse- und Reisefreiheit, andere Wirtschaftsstrukturen, das Ende des Überwachungsstaates und der Umweltzerstörung. Dieser Zeitraum einer ständig improvisierten, aber stets selbstbestimmten Reform der Verhältnisse währte sechs Monate – zwischen September 1989 und März 1990. Das alte SED-Regime verlor seine Allmacht und in der DDR gründeten sich – oft noch vor der Öffnung der Mauer – neue Gewerkschaften, Parteien, Bewegungen, Soldatenräte, Zeitungen oder Verlage. Auf den Demonstrationen hieß der prägende Leitspruch: »Wir sind das Volk.« Und an einem bestimmten Punkt – nachdem die Mauer offen war und die bundesdeutsche Politik und Öffentlichkeit die Veränderungen im Osten nun auch als eine Veränderung ihrer eigenen Lage erlebten und begannen, sie entsprechend mitzugestalten – wurde dieser Slogan dann zu: »Wir sind *ein* Volk.« Diese Verschiebung wurde essenziell für die Entwicklung der gesamten Protestbewegung.

Vielleicht kennen Sie die Geschichte von der Pressekonferenz am 9. November 1989, bei der ein hochrangiger SED-Politiker (Günter Schabowski, der inoffizielle Sprecher der Sozialistischen Einheitspartei Deutschlands – der SED – und des Politbüros, des obersten Entscheidungsgremiums des politischen Machtapparates) überraschend verkündete, dass jeder, der aus der DDR in die westlichen Länder reisen wolle, das Land mit den entsprechenden Genehmigungen ab sofort würde verlassen können. Und dass von nun an jeder eine solche Genehmigung erhalten könne. Das war, angesichts der anhaltenden Massenflucht von Ostdeutschen über die grüne Grenze in Ungarn und die westdeutschen Botschaften in Prag und Warschau, eine sensationelle Mitteilung, überraschend auch für die ostdeutschen Behörden und die Streitkräfte. Und so verbreitete sich die Nachricht am selben Abend: »Die DDR öffnet die Grenze.« Sofort liefen tausende Menschen zur Mauer. Das Fernsehen zeigte, wie sie sich an den Grenzübergängen versammelten und wie Stunde um Stunde mehr Menschen hinzukamen, bis die Grenztruppen hilflos dem Druck nachgaben, die Schlagbäume öffneten und die Menschen anfingen, auf der Mauer zu tanzen. So vollzog sich die Maueröffnung – wild und ungeplant, durch das Fernsehen und die menschliche Entscheidung von überforderten Grenzbeamten, die letztendlich alle Vorschriften ignorierten und irgendwann einfach die Grenze aufmachten. Wie es Angela Merkel 2015 erneut getan hat.

Für mich war die erste Westerfahrung ein so übermächtiger Eindruck von Freizügigkeit, Wohlstand und Souveränität, dass er völlig entwaffnend wirkte. Eine Million Menschen besuchten an diesem 9. und 10. November 1989 das noch von einer Mauer umgebene Westberlin. Es gab Sonderausgaben aller Zeitungen und Freibier und ich konnte mir nicht vorstellen, dass der Westen es nicht gut mit uns meinte – was ich auch bis heute nicht annehme. Nicht ich ging weg, sondern plötzlich kam dieses Land, das ich aus der *Tagesschau* und Westpaketen kannte, zu uns: Seine Zigaretten, Geschmäcker, Gerüche, Gewohnheiten und Menschen mischten sich in unsere Lebenswelt, genauso wie die Trabis in den Westen rollten – alles ging ineinander über und es entstand ein pausenloser Feedback-Loop des Neuen.

Ich vermute, dass die überstürzte Öffnung der Mauer auch ein Versuch des alten Machtapparates war, die DDR noch zu retten und der Revolution auf der Straße ihre Kraft und ihren Schwung zu nehmen. Bei dem Arbeiteraufstand vom 17. Juni 1953 waren in einigen ostdeutschen Städten kommunistische Funktionäre gelyncht worden, das hatte die Regierung sicher nicht vergessen. Reisefreiheit war eine der zentralen Forderungen der Demonstranten und wenn die Grenze offen ist, würden sie erst mal auf Erkundungstour in den Westen gehen, anstatt zu demonstrieren. Und so kam es auch. Aus meiner Sicht war es der Protest der Massen und Hans-Dietrich Genschers Rede an die DDR-Flüchtlinge in der Prager Botschaft, die zu einer Übersprungshandlung des Regimes führte, das sich durch die Öffnung der Mauer noch ein wenig Zeit erkaufen wollte, um die Veränderungen auf eine Weise einzuleiten, die für sie weniger unangenehm war. Schließlich rumorte es überall. In ganz Osteuropa fanden in den späten 80ern Revolutionen statt, die in der Regel friedlich blieben. Auch die sie beflügelnde Gründung der ersten unabhängigen, selbstverwalteten Arbeitergewerkschaft Solidarność in der Leninwerft in Gdańsk war nur möglich geworden, weil die Sowjetunion, anders als 1956 in Ungarn und 1968 in Prag, die Panzer in den Kasernen ließ. In gewisser Weise war das ein Geschenk an Europa. Michail Gorbatschows berühmter Satz während seines letzten, bereits von den Unruhen des Oktobers 1989 geprägten Staatsbesuchs in der DDR lautete: »Wer zu spät kommt, den bestraft das Leben.« Das sagte er zum damaligen Staatschef der DDR, Erich Honecker. Und genau diese Entwicklungen, vor denen er warnte, zählen für mich zum Schönsten, was ich in einer Gesellschaft je erlebt habe – die Erfahrung, dass ein gesellschaftlicher Aufbruch *gut* gehen kann, dass ein totalitärer Staatsapparat vom Leben bestraft wurde und ohne Bürgerkrieg kollabierte, all das hat eine ungeheure Welle der Politisierung, der Infragestellung und des Engagements entfacht, aber natürlich auch außerordentliche Wachheit und Zuversicht. Landesweit entstanden hunderte Runde Tische und neue Formen der Mitbestimmung. In den Theatern wurden Aufrufe verlesen, Flugblätter gedruckt und Plakate geschrieben, unabhängige Studentenvertretungen, Betriebsräte oder Bürgerinitiativen gründeten sich und nach der Öffnung der Mauer kam die Perspektive der Wiedervereinigung hinzu.

Während der wenigen Monate bis zum März 1990 gab es einen unglaublichen Schwung, das Land aus diesem eigenen Ansatz heraus zu reformieren – basisdemokratisch, gewaltfrei und durch eine Generaldebatte. Viele Theaterkünstlerinnen und Theaterkünstler, Schriftstellerinnen und Schriftsteller wurden zu Wortführern dieses Prozesses. Wie bei der sowjetischen Perestroika, deren Theaterstücke auch in der DDR aufgeführt wurden, ging es der Protestbewegung zunächst um den Umbau der DDR und später, nach der Öffnung der Mauer, um die Gestaltung einer Föderation zweier deutscher Staaten, die langsam zusammenwuchsen.

Den Menschen in der DDR musste damals niemand Demokratie beibringen, sondern als die Angst verschwand, kam eine über 40 Jahre ihres Bestehens tatsächlich tiefgreifend veränderte Mentalität zum Vorschein, eine von *anderen* sozialen Strukturen und Verhaltensweisen geprägte Gesellschaft, die durchaus auch ein Selbstbewusstsein jenseits des Klassenstatus hervorgebracht hat. Studiert zu haben, hob in der DDR z. B. keineswegs die soziale Gleichstellung auf. Kein Ingenieur oder Brigadier konnte seinen Arbeitern einfach anordnen, was sie zu tun haben, viel zu sehr war er auf sie angewiesen – ihre Arbeitskraft und Findigkeit. In einer von knappen Ressourcen geprägten Situation, in der andererseits niemand in existenzielle Not geraten konnte, assoziierten sich, wie der Berliner Philosoph, Oppositionelle und Verleger Klaus Wolfram beschrieb, die Beschäftigten in den Betrieben entlang praktischer Bezüge, um die unmittelbaren Herausforderungen zu lösen, statt einer Aufstiegs- oder Konkurrenzlogik zu folgen. Die DDR hat demnach nicht nur repressive Strukturen hervorgebracht, sondern auch einen pragmatischen und unkonventionellen Stil für Problemlösungen. Er förderte das Bewusstsein für den Wert der eigenen Person, unabhängig von Geschlecht und hierarchischer Position, und einen Sinn für Eigenverantwortlichkeit, Ambiguitäten und die Gefahr, die von ideologischen Hardlinern ausging. Zu dieser eigentümlichen, die Revolution später durchaus prägenden Mentalität der DDR gehörte auch eine Kultur der kollektiven Diskussionen in den Betrieben und akademischen Gremien, die nun auch die Umbruchsituation sehr stark prägte. All das setzte bis zur Währungsunion im Sommer 1990 eine enorme Kreativität und Unbekümmertheit frei und war für mich die größte Glückserfahrung meines Lebens, anders kann ich es nicht nennen. Das war die Zeit des großen Lächelns. Ein Land ordnete sich neu, auf einmal änderte sich der Ton in den Staatsmedien, neue Zeitungen entstanden und die Begegnung mit den Westdeutschen war auf Augenhöhe und herzlich.

Eine ungewöhnliche Charakterisierung dieser Revolution von 1989, die gar nicht so harmlos war, wie das Wort »friedlich« heute nahelegt, verdanke ich einer Bemerkung der Künstlerin Elske Rosenfeld, der zufolge dieses Aufbegehren die *erste Revolution des 21. Jahrhunderts* war. Sie bezieht sich dabei auf einen Aufsatz von Mahmood Delkhasteh, der darauf hinweist, dass die iranische Revolution von 1979 eine Form des Aufstandes schuf, die neu war: Keine Guerillakämpfe mehr, sondern spontane und zunächst friedliche Massenproteste, die nicht, wie sich das von heute aus darstellt, auf eine ausschließlich islamische Revolution hinausliefen, sondern auf eine iranische. Wenn man die Ereignisse des Jahres 1989 in dieser Traditionslinie betrachtet, zeigen sich überraschende Verbindungen auch zu den politischen Entwicklungen im 21. Jahrhundert bis hin zum Arabischen Frühling. Das alles waren Bewegungen neuen Typs: Auch 1989 gab es kein revolutionäres Subjekt, es war nicht die Revolution einer Partei oder einer Organisation wie bei der Oktoberrevolution oder in Kuba. Zweitens gab es kein Programm. Keiner der Menschen, die in Leipzig auf die Straße gingen, hatte einen ausgearbeiteten Plan und alle hatten sehr unterschiedliche

Forderungen. Drittens wollte niemand die Macht übernehmen. Die Macht zu übernehmen bedeutet in der Regel, ein System zu übernehmen. Und genau davon hatten die Leute genug. Sie erzeugten vielmehr einen Moment der Offenheit und, so deute ich das heute, der Neuverhandlung.

Diese Form der Revolution hatte große Ähnlichkeiten zu der Art, wie die späteren Proteste auf dem Tahrir und Syntagma, *Occupy Wall Street* und Gezi strukturiert und organisiert waren. Ihre entscheidende Geste war: Die große Unterbrechung – so kann es nicht weitergehen. Sie besetzten den öffentlichen Raum und erzwangen eine Generalaussprache aller politischen Akteure, verhielten sich gewaltfrei und realisierten in ihrer eigenen Bewegung basisdemokratische Prinzipien. In der DDR stand dafür das *Neue Forum*. 1989 hörten wir auf, Komplizen des Systems zu sein und landesweite Bewegungen wie das *Neue Forum* oder *Demokratie Jetzt* ermöglichten es, aus dessen Logik auszusteigen. Was bedeutete das? Der zentrale Ruf der Revolution von 1989: »Wir sind das Volk« forderte im Grunde alles, und zugleich auch nichts. Mit der Betonung auf dem »Wir« sagte er: »Ihr repräsentiert uns nicht.« Aber was man selbst repräsentiert, sagte er nicht. Die Tautologie, dass das Volk das Volk ist, war offen für alles. Und darin lag die große Chance. Nur so konnte man etwas finden, das die Protestbewegung nicht gesucht hat – etwas Neues. Im Vorfeld von *Occupy Wall Street* formulierten Studenten 2010 an der Evergreen Universität in Olympia den Slogan: »Occupy everything, demand nothing.« Die daraus entstandenen Proteste legten im Zentrum der Welthauptstadt des Geldes etwas still, das eben noch Routine und machtvoll war. Was dieser Slogan formuliert, reicht über Reformen weit hinaus, weil er das System selbst in Frage stellt. Diese Form des Aktivismus drückt die Pausetaste im scheinbar unaufhaltsamen Lauf der Dinge. Und diese Geste der Unterbrechung hat mich an die Demonstrationen von 1989 erinnert – die protestierenden Massen entzogen dem Staat die Selbstverständlichkeit, folgten einer anderen Logik, agierten nicht mehr unter dem Dach der Kirche, aber waren auch keine Partei, sie blieben gewaltfrei und legten die Innenstädte lahm, um eine große Aussprache in Gang zu setzen. Und plötzlich entstand 1989 auf dem Alexanderplatz in Berlin, in den Theatern und Betrieben ein anderes Gespräch, wurden neue Stimmen und Konzepte hörbar – die Bildung von Belegschaftsräten und die Selbstverwaltung von Betrieben, aber auch die Ausgabe von Anteilsscheinen am Staatsvermögen der DDR.

Die Episode zwischen Herbst 1989 und der Volkskammerwahl im März 1990 wirkt wie eine Zeit, in der das Wünschen noch geholfen hat – es war ein kurzes Interim der Erfolgs- und Würdeerfahrungen. Ein neues Politikmodell, das sich im Frühjahr 1989 in Polen entwickelt hatte und zuerst von der Bewegung *Demokratie Jetzt* auch in Ostberlin etabliert und durch das *Neue Forum* bald landesweit verbreitet wurde, war das des Runden Tisches. Er war ein hierarchiefreies Verhandlungs- und Gestaltungsmodell, das die Bürgerbewegungen und neu gegründeten Parteien mit Vertretern der DDR-Regierung zusammen an einen Tisch brachte. Moderiert wurde es von stimmlosen Kirchenvertretern, die Erfahrung im Verhandeln hatten, oder darin, verschiedene Positionen zu vermitteln, ohne dabei an den Diskussionen selbst teilzunehmen. Einen Vorsitzenden oder eine Vorsitzende gab es nicht an den Runden Tischen und seine Zusammensetzung, aber auch die Idee einer vergrößerten Legislative selbst, war neu.

Am 7. Dezember 1989 begannen die Teilnehmer des Zentralen Runden Tisches, Gesetzes- und Strukturentwürfe zu entwickeln, die sie in der damals noch bestehenden DDR etablieren wollten. Die Arbeit der Bürgerinitiativen, neuen Parteien und Bewegungen am Zentralen Runden Tisch zwischen Dezember 1989 und März 1990 wirkte inmitten der ungeheuren Dynamik und Unruhe beim Rückbau der Macht des SED-Staats seltsam zivilisiert oder zivilisierend, denn sie überbrückte die verschiedenen Protestbewegungen und gab ihnen einen Platz in der Arbeit der Reformregierung. Während des Umsturzes in der DDR gab es keine Gewalt gegen ehemalige Funktionäre, keine Putschversuche, keine Masseninhaftierungen. Während dieser Zeit war die Bürgerbewegung zu einer Volksbewegung geworden, die Menschen aus unterschiedlichsten Milieus erfasste. Als die Mauer geöffnet wurde, trafen diese jungen Bewegungen nun auf Profis für alles aus dem Westen – Berater, Unternehmer und Medien aus einem Land, in dem alles fertig zu sein schien. So kam es, dass sich die Volksbewegung nach der Öffnung der Mauer wieder von der Bürgerbewegung löste, und erstere, wie es Klaus Wolfram sagt, nun andere Führer suchte. Noch war die DDR ein Mitglied des Warschauer Pakts und die Bundesrepublik der Nato. Ein ganzes Zeitalter kollabierte damals auf deutschem Boden, die gefrorenen Blöcke des Kalten Krieges schmolzen und nun sah auch Helmut Kohl ein »window of opportunity« für die Deutschen.

Die gewünschte Dynamik des Zusammenwachsens war 1990 in Ost- und Westdeutschland sehr unterschiedlich. Die politische Arbeit des Zentralen Runden Tisches, dessen primäres Ziel noch die Reform der DDR war, begann nur vier Wochen nach der Öffnung der Mauer am 7. Dezember 1989. Doch als kurz darauf Helmut Kohls 10-Punkte-Plan bekanntgegeben wurde, kam die deutsche Einheit mit aller Macht auf die politische Agenda. So lief die Arbeit des Runden Tisches parallel zu der von westdeutscher Seite forcierten Herbeiführung der deutschen Einheit, die auch viele Ostdeutsche wollten, allerdings ohne zu ahnen, was dieses Tempo und das westdeutsche Gebot des Beitritts für sie bedeuten würde. Während also die letzte DDR-Regierung eine Vertragsgemeinschaft von zwei deutschen Staaten vorbereitete, die nach einer als Föderation geplanten Übergangszeit in die deutsche Einheit münden sollte, verhandelte Helmut Kohl bereits mit den Siegermächten des Zweiten Weltkrieges über deren Zustimmung für einen zügigen Beitritt der DDR zur Bundesrepublik – was vielen Aktivitäten des Runden Tisches und der Modrow-Regierung einen fast traumtänzerischen Charakter gab. Immerhin, die Entwaffnung und Auflösung der Staatssicherheit, die auf Betreiben der Bürgerrechtler durchgeführt wurde, war ein geschichtlich einmaliger Vorgang dieser Übergangszeit. Und mit großen Hoffnungen verbunden war auch die Aussicht auf eine neue, gesamtdeutsche Verfassung, die das bundesdeutsche Grundgesetz und die Verfassung der DDR ablösen sollte.

Voraussetzung für die nun immer zügiger herbeigeführte Vereinigung der beiden deutschen Staaten und die dann anstehende Verfassungsdebatte war allerdings eine demokratisch gewählte Regierung im Osten, weshalb die erste freie Wahl in der DDR eilig vom Mai 1990 auf den März vorgezogen wurde. Noch kurz vor der ersten freien, demokratischen Wahl der Volkskammer im März gingen nur wenige Beobachter vom Sieg der konservativen *Allianz für Deutschland* aus, die sich um die durch Helmut Kohl zügig neu orientierte CDU-Ost gebildet hatte. Durch die strategische Beratung und Einflussnahme der bundesdeutschen Regierung hatte sich in der DDR die Stimmung im Vorwahlkampf und Wahlkampf entscheidend verändert und in Richtung eines schnellen Beitritts verlagert. Im Ergebnis dieser Wahl standen den 47 Prozent der Stimmen für die *Allianz für Deutschland* dann immerhin noch 43 Prozent der Wähler von SPD, PDS und Bürgerlisten gegenüber – es war also keineswegs so, dass sich dieses Szenario einer reformierten DDR und eines behutsamen deutsch-deutschen Zusammenwachsens über Nacht in Luft aufgelöst hätte. Bevor sich die Ostdeutschen dem westdeutschen System anschlossen, hatten sie neue und unkonventionelle Politikmodelle entwickelt und praktiziert, die von der *Allianz für Deutschland* nach der Wahl und den Beitrittsverhandlungen nicht mehr weiter verfolgt wurden. Und kaum war die Volkskammerwahl in der DDR für die CDU gewonnen, begann sofort die Vorbereitung für die erste gesamtdeutsche Bundestagswahl im Dezember, die nun ebenfalls unter die Vorzeichen der forcierten staatlichen Einheit gestellt wurde. Helmut Kohls im Juli 1990 geäußertes Wahlversprechen von den »blühenden Landschaften« in den gerade wiedergegründeten Bundesländern im Osten erweckte dort große Hoffnungen auf Solidarität und Wohlstand, und dieses Versprechen war für Kohls Wiederwahl als gesamtdeutscher Kanzler im Dezember 1990 ganz sicher entscheidend.

Wie konnte aus diesen selbstbewussten und gestaltenden Menschen, die innerhalb weniger Monate ihr eigenes Land reformierten und dann dem Versprechen einer gleichberechtigten Aufnahme in das hochentwickelte, demokratische System der BRD folgten, später jene »Staatsbürger zweiter Klasse« werden, als die sich heute immerhin 57 Prozent der Ostdeutschen empfinden? Was geschah mit ihnen in den letzten 30 Jahren? Waren sie, wir, ich, das von Anfang an – jene Massenmenschen mit ihren Trabis, so wie Christoph Schlingensief sie uns in seinem *Deutschen Kettensägenmassaker* gezeigt hat – als graues Rohfleisch aus dem Osten, das im Nu zu Hackfleisch für westdeutsche Würste verarbeitet wurde? »Sie kamen als Freunde und wurden zu Wurst«, hieß es im Ankündigungstext seines 1990 gedrehten Films.

Dass 1990 von Bürgerrechtlern und Experten diskutiert und vorbereitet wurde, wie das wiedervereinte Deutschland sein Grundgesetz durch eine neue, gesamtdeutsche Verfassung ablöst, ist heute kaum noch in Erinnerung. Und wenn doch die Rede davon ist, wird heute oft gefragt, was denn so schlecht am Grundgesetz sei? Nichts ist schlecht an ihm. Schließlich ist es ja auch kein statisches Werk, sondern wird pausenlos reformiert. An der Verfassungsfrage war und ist vielmehr die Geste einer wechselseitigen Anerkennung interessant. Und natürlich auch die Chance, die Erfahrungen der Umbruchssituation aufzunehmen, jene Impulse »von außen«, die z. B. aus Osteuropa oder aus den jüngeren Verfassungen Nicaraguas und Spaniens in den ostdeutschen Verfassungsentwurf eingeflossen sind. Sie hätten ein gesamtdeutscher Reformimpuls sein können. Was umso angebrachter war, da dieser ostdeutsche Verfassungsentwurf stark von Ideen und Zielen beeinflusst war, die immerhin mit der friedlichen Revolution von 16 Millionen Menschen in Verbindung standen. An sich spielt es wahrscheinlich keine Rolle, ob ein Land ein Grundgesetz oder eine Verfassung hat, wenn dieses nur eine demokratische, liberale und rechtsstaatliche Form von Gesellschaft entwirft. Dennoch war der Entwurf einer neuen Verfassung für viele Ostdeutsche von großem Reiz, denn ihre Verfassung in der DDR war eben nicht liberal. Und natürlich wäre die Erarbeitung einer gesamtdeutschen Verfassung das Zeichen für einen gemeinsamen Neubeginn in unserem ganzen Land gewesen. Was im Grundgesetz selbst so angelegt war – es fungierte zwar als Verfassung, nannte sich aber nicht so, weil es sich als vorläufig verstand und »im Falle der Wiedererlangung der Einheit und Freiheit Deutschlands« durch eine gesamtdeutsche Verfassung abgelöst werden sollte. Dieses Prinzip wurde im Artikel 146 formuliert. Und für diesen sich nun abzeichnenden Fall wollte die letzte DDR-Regierung einen ostdeutschen Verfassungsentwurf vorbereiten, wofür am Zentralen Runden Tisch die Bildung einer dafür verantwortlichen Arbeitsgruppe beschlossen wurde.

Vertreter verschiedenster Bewegungen sowie Juristinnen und Juristen, unter ihnen Rosemarie Will von der Humboldt-Universität und auch der Schriftsteller und Rechtswissenschaftler Bernhard Schlink, waren an diesem Entwurf beteiligt. Um es abzukürzen: Der so entstandene Verfassungsentwurf, für den die Schriftstellerin Christa Wolf die Präambel schrieb, wurde zwar im April 1990 der neu gewählten Volkskammer übergeben, blieb aber praktisch folgenlos. Der unter westdeutscher Federführung gestaltete *Einheitsvertrag* war auch der *Vertrag über die Währungs- und Sozialunion* zwischen den beiden deutschen Staaten. Die Einführung der D-Mark wurde in den Verhandlungen des Einheitsvertrags mit der Übernahme des Grundgesetzes verbunden. Und warum sollte man es aus westdeutscher Sicht ändern? Eine Antwort hätte sein können, dass, wenn sich so viel im Osten verändert, wenigstens in dieser Frage auch im Westen etwas überdacht und diskutiert werden könnte. Aber es kam anders – der neue Verfassungsentwurf wurde zwar dem Parlament übergeben, aber 1991 endgültig abgetan u.a. mit den berühmt gewordenen Worten des CDU-Politikers Rupert Scholz, er sei »Lyrik, Utopie und Prosa«. Heute, 30 Jahre später, kehren viele dieser Fragen in den aktuellen tagespolitischen Debatten wieder. So sollte z.B. das Grundrecht auf Wohnen und Arbeiten, also der rechtliche Anspruch auf Arbeit und eine Wohnung, Teil der neuen Verfassung sein. Außerdem sollte es möglich werden, nicht nur Parteien, sondern auch Bewegungen wählen zu dürfen, schließlich waren die treibenden Kräfte des Umbruchs in der DDR keine Parteien. Auch der Umweltschutz, die Geschlechtergleichheit und andere Dinge sollten Staatsziele des wiedervereinten Deutschlands werden. Nachdem z.B. über Jahrzehnte hinweg Wohnungen und kommunales Eigentum privatisiert wurden, kaufen nun die Kommunen Immobilien und Grundstücke zurück und erlassen Gesetze wie den Berliner »Mietpreisdeckel« oder Fahrverbote und debattieren über eine Grundrente oder das Bürgergeld.

Es gibt bis heute eine solidarische, sozialverpflichtete Reserve an Ideen und Konzepten, die in der Wendezeit 1989/90 entwickelt wurden, und sie verbindet die Bürgerrechtsbewegungen von damals mit den Aktivistinnen und Aktivisten unserer Tage. Diese unterschwellige Kontinuität fundamentaler Systemfragen und horizontaler Politikansätze bildet für mich eine Klammer zwischen den zwei großen Wendezeiten, die ich erlebt habe. Denn wie 1989, als der repressive Staatssozialismus unterging, und die große Frage im Raum stand, wie eine gesellschaftliche Ordnung humaner und einfach anders, umwelt- und sozialfreundlicher organisiert werden könnte, erleben wir heute gerade wieder, wie der Klimawandel uns zwingt, die Pausentaste zu drücken – und zwar sehr schnell. Es ist unumgänglich, unsere Industrie umzustellen, einen Ökomodernismus, wie ihn James Lovelock beschreibt, zu entwickeln, und auf die Rechte anderer Spezies und die Geschichte anderer Akteure und Akteurinnen zu achten. Nur so entstehen die Konturen einer Wiedervereinigung auf Augenhöhe. Das kleine Minderheitenproblem der Ostdeutschen ist nur eines unter vielen. Sie haben einfach lange gebraucht, bevor sie sich in dieser Rolle annehmen konnten. Bonaventure Soh Bejeng

Ndikungs Vorschlag, das Betriebssystem traditioneller Institutionen zu ändern, wie er ihn am Beispiel des »Queering the Humboldt Forum« in seinem Essay *Those who are dead are not ever gone* beschrieb, würde ich mir auf unser Land insgesamt übertragen wünschen. Wir sollten es vom Gewicht seiner normativen Westsicht entlasten, seines selbstverständlichen Weißseins und eingebildeten Liberalismus, seines »normalen« Anthropozentrismus und seiner unseligen Bemühung, eine lineare Geschichte zu konstruieren, statt ihr Mäandern, Stottern, ihre anderen Pfade und Sprachen zu hegen. Die Frage, wie wir zusammenwachsen, ist vermutlich durch die letzten 30 Jahre beantwortet, aber die Frage, wie wir zusammen wachsen können, stellt sich heute mehr denn je.

Nach dem Empfang im Kanzleramt 2017 und der Gleichsetzung der DDR mit dem Nationalsozialismus durch jene Kölner SPD-Politikerin begann ich zum ersten Mal nach der Wende, mein eigenes Vokabular für unsere Geschichte zu hinterfragen und, heute würde ich sagen, zu dekolonisieren. Unbemerkt, nach dem berühmten, fabelhaften, unüberschaubaren Jahr 1990, als das Chaos aufgebraucht und die Freiräume und das utopische Potenzial sich verflüchtigten, haben uns die Polit- und Medienprofis aus dem Westen neu geordnet. Ihre Sicht und

Sprache prägt bis heute die Wahrnehmung dieser Revolution. So wurde sie zum »Fall der Mauer«.

Aber lassen Sie mich weiter vorn beginnen. Mit dem Aufkommen der *Pegida* und den Wahlerfolgen der *Alternative für Deutschland* in den neuen Bundesländern wurde mir bewusst, dass »der Osten« nun ganz offiziell als eine Art Entwicklungsgebiet betrachtet und besprochen wurde, in dem Menschen leben, die aufgrund ihrer staatssozialistischen Herkunft an einer Art »Demokratiebehinderung« leiden. Sie hätten die Demokratie »eben nicht gelernt«, hieß es oft als Begründung, sonst würden sie anders wählen. Aber haben sie denn von Anfang an so gewählt? Ist ihre Wahl nicht Ausdruck einer bitteren Erfahrung, die wenig mit der DDR und viel mit der Zeit nach der Wende zu tun hat? Als ob es nicht dieselben Menschen gewesen sind, die das basisdemokratische *Neue Forum* gegründet haben und an Runden Tischen ihr eigenes Land umbauten. Dass sie sich diese Demokratie selbst erkämpft hatten, kommt im Wortlaut vom »Fall« der Mauer nicht mehr vor. Nach dem Einheitsvertrag wurde alles zu einem undiskutierbaren Schicksal. Bis heute fehlt ein gesamtdeutsches Verständnis für den abrupten Abbruch der demokratischen Diskussion im Osten und den danach einsetzenden administrativen und trotz bester Absichten paternalisierenden Entwicklungshelfervorgang. Es fehlt auch ein Verständnis dafür, wie umfassend und ungeschützt sämtliche sozialen Körperschaften und Betriebe in kürzester Zeit diese Schocktherapie durchliefen – die Schließung des Kalibergwerks von Bischofferode und die Deindustrialisierung ganzer Regionen stehen dafür, aber auch die Entwertung fast des gesamten kulturellen Erbes der DDR.

Bis heute wird im offiziellen, westdeutsch geprägten Sprachgebrauch von der DDR vornehmlich als Unrechtsstaat gesprochen, was bei allen, die dort lebten, Scham induziert und ein Gefühl der Illegitimität ihrer damaligen Lebenswirklichkeit. Eine solche Art von Rede lässt gar nicht erst den Gedanken daran aufkommen, dass es die Bürger des gleichen Landes waren, die diese Diktatur zu Fall brachten. »Wir wurden nicht befreit!«, möchte ich rufen, wenn es um die großen Fortschritte seit 1989 geht. Ich möchte auch keine »Geduld« mehr haben müssen, bis die demokratischen Boten alles in Ordnung gebracht haben und es uns irgendwann so gut geht wie euch. Ich will das vielleicht gar nicht. Weshalb mir die Rede vom »Mauerfall« so suspekt wurde, denn auf einer unterbewussten Ebene formuliert dieses Wort die positive und wertschöpfende Bewegung hin zur Öffnung der Berliner Mauer im Stil einer passiv erlebten Befreiung – und aus Sicht der alten Bundesrepublik stimmt das auch, für sie fiel die Mauer wirklich einfach unerwartet um.

Heute wehre ich mich gegen diese Sprache der Sieger, die ja nicht mehr wir waren, die das Regime gestürzt haben, sondern jene, die nun anfingen, den Osten zu administrieren. Sie behandelten die neuen Bundesländer fortan wie ein Entwicklungsland, auch wenn dies subjektiv durchaus mit wohlwollenden Intentionen geschah. Doch die paternalistische Logik dieses Entwicklungshilfeansatzes zeigt sich bis heute deutlich in ihrer normativ gewordenen Sprache. Dass die »Einheit« der Deutschen, die 1989 bei der 40-Jahrfeier der alten Bundesrepublik kaum mehr eine Rolle gespielt hat, durch die wenigen Worte von Hans-Dietrich Genscher in Prag, Helmut Kohls Rede in Dresden und Willy Brandts Ansprache in Berlin überhaupt erst wieder ins politische Denken eingeführt wurde, hat die Medienwissenschaftlerin Anne-Kerstin Tschammer in ihrem Buch *Sprache der Einheit* analysiert. Diese Imprägnierung der ostdeutschen Umbruchsgesellschaft mit der politischen Sprache und Idee des zügigen Beitritts, wie sie durch Helmut Kohls Politik forciert wurde, war die Wende der Wende und führte dazu, dass die Arbeit der letzten DDR-Regierung, die durch die Maueröffnung quasi über Nacht mit neuen Wirtschaftsproblemen zu kämpfen hatte, nun selbst immer schneller in Richtung der Wiedervereinigung wirkte. Mit der sprachlichen Wende entstand eine neue Realität, in der bald von »Filetstücken« im DDR-Staatsvermögen gesprochen wurde, von einer einsetzenden »Ostalgie« oder »Buschzulage« für wagemutige Beamte, die als Aufbauhelfer »rüber« gehen. Eine Formulierung wie »Aufbau Ost« verdeckt bis heute, dass dieser Aufbau für Millionen Menschen im Osten zu einer traumatischen Erfahrung wurde, weil er für knapp 20 Jahre in vielen Regionen vor allem ein Abbau, eine Entwurzelung und Ohnmachtserfahrung war. Es ist die Sprache der Entwicklungshelfer, die von ihrer Realität ausgehen, die eine der ostentativ guten Absichten und des erlebten Undanks ist. Wie kommt das nur, dass uns die Griechen auch nicht mögen, obwohl wir ihnen so viel Geld geben, so viel Geld! Ach, wüsste ich nur, wie ich das von unserer eigenen Sprache, unserer eigenen Denkart und Verfügungstüchtigkeit unterschlagene Glückslos öffnen könnte. Es liegt in unserer eigenen Geschichte.

In die gesamtdeutsche Sprache sind laut eines Beitrags des Deutschen Historischen Museums nur 14 Begriffe des ehemaligen Ostens eingegangen, darunter »Exponat« oder »Fakt ist«. Fakt ist, dass ich bei der Rede vom »Mauerfall« an die Geheimpläne für Gefangenenlager und die fertigen Namenslisten der durch die DDR-Polizei zu Inhaftierenden denke, an die schalltote Isolationszelle im Erfurter Stasiknast und die Prügel für die Leipziger Demonstranten. Aber auch an die Kerzen vor den Kirchen, die Mahnwachen vor SED-Gebäuden und die zahlreichen Protestplakate und Bürgerpodien in vielen kleinen Städten der ostdeutschen Provinz. Für mich, der auf der anderen Seite der Mauer stand, ist es wichtig, an die aktive Seite dieser Revolution zu erinnern, die utopische, verwirrte, frohe. Wir waren die Subjekte der Geschichte. Wenn es in Ostdeutschland heute gelingen könnte, diese Reserve an Mündigkeit und Freude zu aktivieren, die sich aus der Erfahrung der friedlichen Revolution 1989 bei den meisten Menschen gebildet hat, wäre das ein enormes Empowerment. So viele Ostdeutsche sind wirtschaftlich selbst wieder auf die Beine gekommen nach 20 Jahren. Und ihre Eltern wiederum waren auch 20 Jahre vor der Wende mehrheitlich Menschen, denen ein Leben in Würde und Selbstentfaltung gelungen ist, obwohl ihre Entscheidungen oft anders geprüft, »bezahlt« oder mit anderen Lebensformen verbunden waren. Dazu »Ja« zu sagen, statt »Ja, aber« würde das wachsende rechte Ressentiment im Osten sicher dämpfen.

Bislang ist es vor allem die populistische Rechte, die mit dem Finger auf ein System zeigt, das diese Transformations-Erfahrung nicht abbildet. Die offiziell anerkannte Wirklichkeit der *Tagesschau* und überregionalen Presse wirkt aus dieser Perspektive fiktiv und eine Partei wie die AfD stilisierte und etablierte sich im alten Westen wie im Osten als Trugbrecher, die eine Realität neben der offiziell anerkannten Wirklichkeit thematisiert und auch konstruiert, die sie zugleich mit ihrer identitären, auf Rasse, Geburtsort, Sprache oder Glaube fixierten Sichtweise vergiftet.

Für die postrevolutionäre Transformationszeit und ihre Wildheit, ihre Traumata, Kämpfe, Verlassenheit und Überlebensstrategien in Ostdeutschland gibt es noch keine adäquate Sprache, außer vielleicht in der Kunst, in Filmen über den Nachwende-Osten von Thomas Heise, Andreas Kleinert, Christian Petzold, Peter Dörfler, Jürgen Böttcher, Andreas Dresen, Hans Christian Schmid, Mirko Borscht u. a. m. Sie erzählen eine Art Gegengeschichte der langen Wende nach 1989, die oft tiefer in den Osten führt als zurück in den Westen. Was ganz ähnlich auch für Frank Castorfs Volksbühne in Berlin galt. In den frühen 90er-Jahren, als Castorf an der Volksbühne Intendant wurde, begann die Zeit einer im Nachkriegsdeutschland nie erlebten Massenflucht aus dem ländlichen Raum der neuen Bundesländer, die Zeit eines beispiellosen Vermögens- und Elitentransfers, der Entwertung von Bildungs- und Erwerbsbiografien und eines rigorosen Wertewandels im Osten. Die Generation meiner Eltern wollte diese Wende, sie hat sie herbeigeführt und gestaltet und danach ungefähr 20 Jahre lang die Zähne zusammengebissen, war fleißig, wurde erfolgreich oder aus der Bahn geworfen. Dieser Sturm wehte durch die Blüte ihres Lebens und erst heute, mit der Generation ihrer Enkel, beginnt die wirkliche Wiedervereinigung der Deutschen.

Vor der Öffnung der Mauer sprach niemand, weder in der großen Politik noch im Alltag, über die Wiedervereinigung. Es gab keine Absicht zur Wiedervereinigung, sehen wir einmal, wahrscheinlich kennt man ihn in Griechenland nicht, von dem Sänger Udo Lindenberg ab. Im Westen wie im Osten wurde seit den 70ern die Tatsache akzeptiert, dass es zwei Staaten gab, die aufgrund der historischen Ereignisse getrennt waren, und die sich mit jedem Jahr deutlicher voneinander unterschieden. Die Öffnung der Mauer machte jedem das Wohlstandsgefälle zwischen beiden Ländern augenfällig und die Kluft der gesellschaftlichen Standards war so komplett und umfassend, dass sie jetzt, da es kein Halten mehr gab, schwer zu ertragen war. Die DDR war ein Billiglohnland für den Westen gewesen – im Frauenzuchthaus Hoheneck, einem der gefürchtetsten Gefängnisse der DDR, wurden Feinstrumpfhosen für Firmen in der Bundesrepublik gefertigt. Helmut Kohls Versprechen, diese Ungleichheit zu beenden, entwickelte daher einen unwiderstehlichen Sog. Für uns Ostdeutsche schien die Erfüllung unserer Wohlstandswünsche mit dem Tag der Maueröffnung zum Greifen nah und sie verband sich mit der Zuversicht, dass es zu dieser Zukunft in Wohlstand und in liberalen, modernen Strukturen eine Abkürzung gibt. Und aus westlicher Sicht lag im Osten ein de facto herrenloses Land, das in Aufruhr war und sich formen ließ.

Nachdem die Bundesregierung bis zum 9. November vor allem nur Flüchtlinge aufgenommen hatte, die aus dem Osten kamen, begann sie nach der Öffnung der Mauer, auf die Verhältnisse dort einzuwirken, wo sie herkamen. Das betraf ganz unmittelbar den Wahlkampf in der DDR, aber auch die direkte Beratung der Übergangsregierung nach der Wahl im März 1990 und die dementsprechende Gestaltung des ihr folgenden Einheitsvertrages. Die Sammelbewegung *Bündnis 90/Neues Forum*, deren Akteure im Zentrum der ostdeutschen Revolution standen, und auch die im Februar 1990 gegründete Nachfolgepartei der SED (PDS) stimmten zwar gegen diesen Vertrag, der stark von westdeutschen Vorgaben dominiert wurde, aber der Lockruf der »blühenden Landschaften« wirkte stärker und er wurde mit großer Mehrheit von den Abgeordneten der letzten DDR-Volkskammer angenommen. Was blieb, war die Hoffnung vieler Ostdeutscher, dass die Wiedervereinigung »kein Deutschland wie es war oder ist« (Edelbert Richter /

SPD) bedeutet, sondern ein neues, auch vom Osten mitgeprägtes Land werden würde. Aber da war die DDR schon nur noch ein Land von vermeintlichen Habenichtsen und nach Kohls Spaziergang mit Gorbatschow ohne Weltmacht im Rücken.

Die DDR war 1990 pleite, grau, und die konservative Hälfte ihrer Gesellschaft warf sich der neuen Welt in die Arme. Viele Prominente aus der ehemals dissidenten Szene entpuppten sich als inoffizielle Mitarbeiter der ostdeutschen Geheimpolizei, Pläne zur Internierung der Regimekritiker in landesweit vorbereiteten Lagern wurden öffentlich, die elenden Zustände in den Jugendwerkhöfen und Gefängnissen, all das kam ans Licht. Die Ostdeutschen selbst haben dieses System, wie auch die Polen, Tschechen und Ungarn, gestürzt, und was der Eiserne Vorhang bis dahin ferngehalten hatte, kam jetzt wie eine Sturzflut in ihr Leben. Die Bonner Regierung übernahm die ihr von den Ostdeutschen überlassene Initiative und von da an wurde den Menschen in der ehemaligen DDR geholfen – mit Beratern, Geld, Gesetzen und der Verordnung neuer Strukturen.

Jetzt, 30 Jahre später, lässt sich erkennen, wie tiefgreifend das funktioniert hat. Eine Studie der Universität Jena und der Hochschule Zittau von 2017 besagt, dass in den großen Unternehmen in Ostdeutschland nur 33 Prozent Ostdeutsche beschäftigt sind. Kein einziges DAX-Unternehmen hat seinen Sitz in den neuen Ländern, es gibt zwei ostdeutsche Generäle in der Bundeswehr. Kein einziger Richter am Bundesgerichtshof stammt aus den neuen Ländern und nach einer aktuellen Studie des Zentrums für Hochschulentwicklung kommt von den Rektoren aller deutschen Universitäten kein einziger aus dem Osten. Der Soziologe Raj Kollmorgen hat frappierende Studien über diesen Elitentransfer von West- nach Ostdeutschland veröffentlicht und nachgewiesen, dass diese dichte Struktur neuer Führungskräfte dafür gesorgt hat, dass die neue Obrigkeit mehrheitlich aus dem Westen kam und sich auch aus ihren Netzwerken fortsetzen wird.

Heute ist die vorherrschende Meinung, dass die damaligen Entwicklungen »alternativlos« waren. Das werden Sie wahrscheinlich auch hier in Griechenland ständig hören. Und die Entwicklung in Ostdeutschland sollte uns tatsächlich nachdenklich machen, wenn es um den Verkauf Ihrer Häfen und Wälder, Bodenschätze und Grundstücke geht. Deshalb will ich noch einmal an den Versuch der ostdeutschen Bürgerrechtler und westdeutschen Linken erinnern, Tempo aus den Einheitsverhandlungen zu nehmen und langsamere Formen des Zusammenwachsens zu wählen. Trotz dieser Bemühungen entstand eine unser Land belastende Kluft der Geschwindigkeiten: Für die westdeutsche Mehrheitsgesellschaft hat sich seit 1989 im eigenen Koordinatensystem wenig gewandelt, für den Osten fast alles. Aus Stuttgarter oder Heidelberger Sicht zog die Regierung von Bonn nach Berlin, das eigene System hat im Osten Schule gemacht und es wurde ein Solidaritätszuschlag erhoben – viel mehr veränderte sich durch die Wiedervereinigung nicht. Ja, wahrscheinlich folgte in den 90ern auch eine »Verostung« des Westens – die Grünen und die SPD standen 1990 knapp vor der Ablösung Kohls, und dann wollten die Ostler, so schien es, nur noch Bananen. Alles wurde, sagte man damals, wieder so »materialistisch«. Wie viele Ostdeutsche konnte auch ich es damals kaum abwarten, ins Reich der Reichen zu kommen. Die Begegnung mit dem enormen Komfort und einer anderen Kultur, zwischen grünem Aufbruch, Schaubühne und KaDeWe, beeindruckte mich. Ich musste immer lachen, wenn mir meine Verwandten sagten, dass auch ihnen nichts geschenkt wurde.

In den neuen Bundesländern wurde nach 1990 einfach *alles* um-, ab- oder aufgebaut. In meiner Ostberliner Wohnung, in dem gesamten Haus und der Stadt rund herum verschwand ohne Ausnahme jedes Detail, das nach 1945 hinzugekommen war – die Fenster wurden gewechselt, die Lichtschalter, der Putz, die Dachziegel, Heizung, Briefkästen und Schlösser in den Türen. Und dasselbe passierte in den Köpfen – auch hier wurden die »Schlüssel« und »Fenster« gewechselt. Die koloniale Matrix der Macht, die in all dem wirkte, wurde in Ostdeutschland bald genauso unsichtbar wie in der alten Bundesrepublik, so selbstverständlich war die Form dieses Wandels. Spätestens seit 1967/68 war die Bundesrepublik Weltmeister im Auf-den-Putz-hauen, Weltmeister der Kritik, der wachsamen Erinnerungskultur, des Abbezahlens von Schuld, des Froschteichanlegens, wer konnte einem etwas wollen? Mit dem Beitritt wurde die Sprache und Sichtweise der Mehrheitsgesellschaft auch in den neuen Bundesländern etabliert, von den Strukturen dort übernommen und zum Index des »Normalen«. Wenn ich in diesem Zusammenhang von der kolonialen Matrix der westdeutschen Macht in Ostdeutschland spreche, ist mir der Unterschied zum europäischen Kolonialismus und zu den Genoziden, die wir Deutsche in Südwestafrika und Ostafrika begangen haben, sehr bewusst und ich setze beides keineswegs gleich. Insbesondere da wir noch am Anfang der Anerkennung unserer Verantwortung für unsere Kolonialgeschichte stehen. Weit davon entfernt sehe ich lediglich die Ähnlichkeit der kolonialen Matrix, die in Ostdeutschland zu beobachten war – die *Übernahme der wirtschaftlichen Kontrolle*, der *Kontrolle der Behörden*, der *Steue-*

rung der Öffentlichkeit und der *Bildung* (durch die Überformung des bestehenden und vorgefundenen Wissens), all das wurde und wird in der ehemaligen DDR seit 1990 schlicht als »natürlich« und »fortschrittlich« betrachtet. Bislang hat sich nur der Romancier Max Hertzberg in seiner *East Berlin Trilogy* detailliert ausgemalt, was passiert wäre, wenn die basisdemokratischen Ideale der Opposition nach 1989 verwirklicht worden wären und sich eine ganz andere Matrix entfaltet hätte.

Der »Traum vom eingehegten Sozialismus mit menschlichem Antlitz« hinter der Mauer, den Olaf Reis in seinem Aufsatz über den Palast der Republik beschrieb, starb 1968 mit dem Einmarsch der Truppen des Warschauer Vertrags in die Tschechoslowakei – dieser Brudermord war das Ende des Sozialismus als Utopie, und der Anfang jenes resignativ defensiven »real existierenden Sozialismus«. Die DDR war ein System der permanenten Gehirnwäsche, sie beutete Vertragsarbeiter aus und exportierte ihr Militär profitabel unter dem Vorzeichen des Internationalismus. Menschen mit anderer Hautfarbe erlebten in der DDR Rassismus, es gab Skinheads und Neonazis. Es geht nicht darum, die DDR zu verklären, und nach 30 Jahren sind die neuen Bundesländer nun außerdem selbst aufgegangen in dieser Dominanzgesellschaft, die sie einmal so angezogen, aber auch so ausgezogen hat. Für Sie in Griechenland ist der Osten Deutschlands Teil des Westens. Aber nachdem sich dieser Osten 30 Jahre furchtbar bemüht hat, endlich dazuzugehören, verändert sich das gerade und das hat nichts mit den Rechtspopulisten zu tun.

Alles, was ich Ihnen sagen kann, ist vielleicht ohnehin nur noch für die Menschen in Nordkorea interessant, denen ihre Wiedervereinigung noch *bevorsteht*, oder für die EU-Beitrittskandidaten in Montenegro und Serbien: Zeit schafft Würde. Die Würdenträger alter Stämme sprechen langsam und leise. Niemand soll ihnen die Erfahrung nehmen, sich selbst befreit zu haben. Und auch die Verhältnisse zuvor, in denen wir gelebt und gearbeitet haben, nach Wahrheit suchten, eine Heimat hatten und redlich bleiben wollten, gehören zu unserem Leben. Mit den Bedingungen unseres Beitritts legte sich 1990 über all das die Aura des Fehlgeschlagenen und Schändlichen; als Ostdeutscher stand ich jahrzehntelang nur vor der Wahl, Opfer oder Täter zu sein. Aber so war das Leben nicht. Mit dem Beitritt der Ostdeutschen zur Bundesrepublik entstand ein langes Schweigen über diese 40 Jahre DDR, ein kollektives Wegdriften der Ostdeutschen von den eigenen Erinnerungen, an deren Stelle sich der offizielle Ton der Entwicklungshelfer setzte.

30 Jahre nach der Revolution in der DDR hat der Vorsitzende der Grünen, Robert Habeck, im Frühjahr 2019 im Thüringer Wahlkampf erklärt, alles machen zu wollen, damit Thüringen ein »demokratisches und freies Land« wird. Wie bitte? Der rechtsextreme Politiker der Thüringer AfD Björn Höcke, auf den Habecks später relativierte Aussage sicher zielte, wurde in Westfalen geboren und sozialisiert, nicht im Osten. Und Thüringen wurde in dieser Zeit von einer rot-rot-grünen Koalition regiert. Aber für Robert Habeck schien der Osten der Hort der Unfreiheit – noch immer nicht demokratisch und befreit.

Wir entkommen diesen Zuschreibungen nur, wenn wir verwebte Geschichten erzählen, die Wechselwirkungen und Verbindungen sehen, statt die Gegenüberstellung von Ost und West. Das sage ich auch im Hinblick auf diesen Vortrag. Was ich hier als ein Verhältnis von Ost und West schildere, ist eine Bewusstseinslage, durch die man sich *einmal* hindurchbewegen, aber nicht in ihr verharren sollte. Die Angst, die dazu geführt hat, dass die AfD gegründet wurde, zieht sich inzwischen durch Ost und West gleichermaßen. Robert Habecks unglückliche, von ihm selbst schnell bedauerte Äußerung über den Abgrund im Osten verschiebt ein Unbehagen an sich selbst nach »drüben«, dem man nur dort in die Augen schauen will – als Eigenart der anderen, die Demokratie »nicht gelernt« haben.

Gegen dieses Besprochenwerden der Ostdeutschen macht sich 30 Jahre später die Sprache der Betroffenen selbst hörbar. Es ist die Sprache der Akteure und Zeitzeugen und vor allem ihrer Kinder und Enkel in Leipzig oder Rostock, die sehr detailliert und alltagsnah die andere Lebenswirklichkeit der DDR und langen Wendezeit erforschen – für mich bedeutet dieser Vorgang *occupy history:* 30 Jahre nach der Öffnung der Mauer gibt es eine Erinnerungspolitik von unten, die nach einem *Freiraum*, wie eine dieser Bewegungen in Leipzig heißt, für die Erfahrungen in der DDR und in der Zeit nach ihrem Verschwinden sucht. Diese neue Erinnerungspolitik von Akteuren wie *Aufbruch Ost* oder der *Dritten Generation Ost* hilft vielleicht, die aktuelle Distanz zwischen den vereinten Deutschen besser verstehen zu lernen und nicht zur Dynamik der Entzweiung werden zu lassen, wie sie von rechten Populisten entfacht wird.

Der Transformationsprozess war selbstverständlich nicht nur von Menschen geprägt, die Geschäfte im Osten machen oder ihn pädagogisieren wollten. Und nicht nur von Ostdeutschen, die begierig auf Bananen waren. Die innere Zerrissenheit ist nicht nur eine zwischen Ost und West, die Deutschen teilen sie mit vielen Nachbarn. Auch in Polen gibt es keine gemeinsame Erinnerung an 1989, da das Land in zwei »Nationen« zerfiel – jene der Kosmopoliten der großen Städte und jene der Landbevölkerung. Diese Teilung geht mitten durch die ehemalige politische Opposition, von deren Veteranen heute viele das Gefühl haben, ihre Revolution wurde ihnen von den kosmopolitischen und europäischen Eliten gestohlen.

Wie in Polen und Ungarn sind auch die Ostdeutschen nach 1990 noch einmal zu Ostlern geworden, denn europäisch zu sein, hieß westeuropäisch zu sein, und das waren nur die anderen. Dass wir uns selbst unter den schwierigen Bedingungen der Diktatur zu mehr oder weniger reifen Persönlichkeiten entwickelt haben, könnte uns eigentlich stolz machen, aber aus diesem Plus konnten wir wenig hervorbringen. Der Elitentransfer von West nach Ost und die Verdrängung des kulturellen Ostens aus dem Osten bildet eine emotionale Hypothek, die noch lange abgezahlt wird, denn vom Schuldirektor über die Richter, Amtsleiter, Intendanten, Betriebsleiter oder Krankenhausdirektoren wurden die Führungspositionen westdeutsch besetzt oder zu Filialen westdeutscher Experten und Expertinnen. Vielleicht ist an dieser Entwicklung nichts zu ändern und wenig wirklich verwerflich, aber sie nicht länger als *selbstverständlich* zu betrachten, wäre der Anfang einer anderen Begegnungskultur.

Wahrscheinlich glauben Sie aus ihrer europäischen Sichtweise, weil Angela Merkel aus dem Osten stammt, gäbe es viele Ostdeutsche in der Politik. Eine Studie von 2016 zählte unter den 109 Abteilungsleitern der Bundesministerien nur vier Ostdeutsche. Mehr als 25 Jahre lang schien das ein völlig natürlicher Zustand zu sein. Doch irgendwann führte er zu diesem feinen, kaum bemerkbaren Schnitt in den Fingern, von dem ich vorhin erzählte.

Ich glaube, der Gestaltungsprozess der deutschen Wiedervereinigung ist eine Blaupause dafür, wie die Europäische Union Griechenland geholfen hat. Die Troika und die Treuhand prägt der gleiche Geist. Die bundesdeutsche Regierung hat auf den wirtschaftlich krisenhaften Zustand der DDR nach 1990 mit dem Erfahrungswissen ihres politischen Systems und einer wirtschaftlichen Logik reagiert, und letztlich legten die Ostdeutschen mit der Wahlentscheidung vom März 1990 ihr Schicksal natürlich selbst in die Hände ihrer Konkursverwalter. Dass der Wirbelsturm der neoliberalen Lehre, die es im Osten nun sehr viel richtiger machen wollte als daheim, sie viel heftiger und ungeschützter treffen würde, als die Menschen in den alten Bundesländern, haben damals nur wenige geahnt.

Welch brisanter Logik das Zusammenwachsen der Deutschen fortan folgte, beschrieb 20 Jahre später der österreichisch-kroatische Philosoph Boris Buden in seinem Buch *Zonen des Übergangs. Vom Ende des Postkommunismus*. Darin stellt er die Frage, wie diejenigen, die eben noch auf der Mauer getanzt und der Welt eine Revolution vorgelebt haben, kurz darauf so betrachtet wurden, als seien sie ab jetzt nur noch zum Nachholen verdammt. Dieser enorme Enthusiasmus für die Demokratie, den die Osteuropäer, die sich vom kommunistischen System eben befreit hatten, damals entwickelten, hat zu Beginn auch auf Westeuropa begeisternd gewirkt – diese vorbehaltlose Faszination des Ostens für das Projekt der Demokratie und Marktwirtschaft wirkte ungeheuer frisch und positiv naiv. Und dann verwirklichten diese Menschen dieses demokratische System und transformierten ihre Planwirtschaft zur Marktwirtschaft und auf einmal wurde diese sympathische Naivität, die man eben noch an ihnen bewunderte, zur Naivität von Kindern. Übrigens auch für sie selbst.

Wer sich eine Vorstellung von diesem ursprünglich so zuversichtlichen Schwung und Ethos des demokratischen Wandels machen möchte, kann Václav Havels *Rede zum Jahreswechsel von 1989/90* an seine tschechischen und slowakischen Landsleute lesen. Die darin skizzierten Reformpläne für sein Land waren sehr weitsichtig: »Unser Staat sollte nie mehr nur das Anhängsel oder der arme Verwandte von irgendeinem anderen sein. Wir müssen zwar von anderen viel nehmen und einiges lernen, müssen das aber nun seit langer Zeit wieder als gleichberechtigte Partner, die auch etwas zu bieten haben.« In Ländern, die einen langsameren Weg der Transformation wählten, hat sich von diesem Stolz noch etwas mehr bewahrt; in der ehemaligen DDR ging er nahezu verloren. Der rasende Wandel hat hier eine seltsame Kultur neuer Gehorsamkeit erzeugt – willig im Bereich der neuen politischen Ordnung, unsicher im sozialen Bereich, gedemütigt im Bereich der Wirtschaft. Der *Jahresbericht zum Stand der Deutschen Einheit* von 2019 hat belegt, dass nur 38 Prozent der Ostdeutschen die Wiedervereinigung für gelungen halten. Bei den unter 40-Jährigen sind es sogar nur 20 Prozent. »Besonders gravierend: Fast die Hälfte ist mit der Funktionsweise der Demokratie unzufrieden«, resümiert der Bericht unter dem Titel *Ostdeutschland holt auf*.

Symbolisch für die wirtschaftlich gewalttätige Transformation steht die Arbeit der Treuhandanstalt. Sie wurde von der Reformregierung der DDR im März 1990 auf eine Initiative der Bürgerbewegung *Demokratie jetzt* gegründet, um die bis dahin noch volkseigenen Betriebe (VEB) in eine neue, im Westen übliche Rechtsform zu überführen und das Gemeingut der Ostdeutschen zu privatisieren. Ursprünglich war dafür eine Privatisierung des Vermögens durch Anteilsscheine für die DDR-Bevölkerung geplant, wie dies in vielen osteuropäischen Ländern zum Beispiel mit dem Wohneigentum passierte, doch wurde dies im innerdeutschen Staatsvertrag nur noch als eine Kann-Bestimmung festgehalten. Die Treuhandanstalt war ab 1990 für 8500 ehemalige DDR-Betriebe zuständig und mit der Wiedervereinigung dem Bundesfinanzministerium in Bonn unterstellt. Heute, 30 Jahre später, wirkt das abzuwickelnde System, das die Treuhandanstalt vorfand, wie ein leicht fantastisches Szenario und bedeutete, mitten auf deutschem Boden, das Ende eines 40-jährigen, brachialen Experiments. Wenn man sich von der Andersartigkeit des Lebens in der ehemaligen DDR ein Bild machen möchte, muss man sich vorstellen, dass es dort, wie in ganz Osteuropa, fast keine Wohnungen, Ländereien oder Fabriken in Privatbesitz gab, sondern alles gesamtstaatliches, genossenschaftliches oder das Eigentum von Organisationen war. Die Volksrepublik Jugoslawien war durch ihre sozialistische Marktwirtschaft ein Sonderfall, aber ansonsten herrschte Planwirtschaft, die Produktion und Ressourcenverteilung wurde politisch reguliert und das Konkurrenzprinzip von einer ideologisch verwalteten Gesellschaft abgeschafft.

Der diesem Experiment folgende Weg der Transformation war in Osteuropa fast überall der gleiche. In Ostdeutschland begann mit dem Einheitsvertrag und dem Wirken der Treuhand eine Zeit der wirtschaftspolitischen »Alternativlosigkeit« hin zu einem rigiden Strukturwandel, der gleich zu Beginn fast alle industriellen Kerngebiete in den neuen Ländern zerstörte, was man später, wenn auch zu spät, bereute. Margaret Thatchers Slogan und die Doktrin »There is no alternative« verband sich in den neuen Bundesländern in den frühen 90er-Jahren mit der Durchsetzung eines Marktfundamentalismus. Die alte Bundesrepublik mit ihrer sozialen Marktwirtschaft unterschied sich deutlich von Thatchers England und Reagans USA und ging tatsächlich so etwas wie einen »dritten Weg« zwischen Laissez-faire-Kapitalismus und Sozialismus: Es gab starke Gewerkschaften, Kirchen und eine starke Sozialdemokratie und Umweltbewegung, die in der alten Bundesrepublik bei der Transformation von Industriegebieten wie an der Ruhr großen Einfluss nahmen. Dort entstanden Erfahrungen mit einem sozialverträglichen Strukturwandel, der teuer und umstritten, aber auch erfolgreich war.

Nach 1990 vollzogen sich nun in den neuen Bundesländern wirtschaftliche und soziale Veränderungen, die in dieser Form im alten Westen bis dahin nicht möglich waren, und erst ein Jahrzehnt später in der zweiten Amtszeit des sozialdemokratischen Kanzlers Gerhard Schröder von 2002 bis 2005 auch dort möglich wurden. Dem massiven Sozialabbau von Schröders *Agenda 2010* ging die Politik der Treuhand voraus, die im Osten Deutschlands die ehemals volkseigenen Betriebe privatisierte und zu 95 Prozent an westdeutsche und ausländische Investoren verkaufte. 4000 Betriebe wurden insolvent und später liquidiert, da sie ad hoc nicht mehr konkurrenzfähig zur westdeutschen Wirtschaft waren und von der Währungsumstellung hart getroffen wurden, da sich die meisten ihrer ehemaligen Absatzmärkte in Osteuropa befanden. Die Treuhandanstalt übernahm zudem 2,4 Millionen Hektar Land und forstwirtschaftliche Flächen, einen großen Bestand an Wohnungen und die Liegenschaften des ehemaligen Geheimdienstes und der Armee. So gut wie niemand konnte in Ostdeutschland Anteile an dem ehemaligen Volkseigentum kaufen, da hier in den vergangenen 40 Jahren kaum private Vermögen aufgebaut oder vererbt wurden und sie also weder Geld hatten noch kreditwürdig erschienen gegenüber den Banken.

Nur äußerst wenig von dem, was sich die Menschen im Laufe ihres Lebens in der DDR erarbeitet hatten – sei es Bildung oder Besitz, sieht man von Immobilien und Land ab – hatte nach der Wiedervereinigung noch einen Wert. Diejenigen, die all die ehemals staatlichen Häfen, landwirtschaftlichen Betriebe, Fabriken, Häuser, Felder, Wälder, Schlösser oder Minen kauften, waren zumeist aus dem Westen. Laut der Bundeszentrale für politische Bildung wurden allein zwischen 1989 und 1991 zweieinhalb Millionen Menschen arbeitslos. Der Journalist Stefan Locke gibt an, dass weniger als zehn Prozent des öffentlichen Eigentums der DDR in den Besitz von ostdeutschen Menschen gelangte. Die neuen Bundesländer waren eine Region neuer Konsumenten, als Region für die Produktion wurden sie lange Zeit nicht mehr gebraucht. In den alten Bundesländern hingegen sorgte die Wiedervereinigung für einen Konjunkturaufschwung, wodurch die Arbeitslosenzahl dort auf den Stand von 1981 sank.

In dieser frühen Übergangszeit entstand in Ostdeutschland eine verlorene Generation, eine Generation von Teenagern, deren Eltern oder Lehrer damals aus der Bahn geworfen wurden und an Autorität verloren. In vielen größeren und mittelgroßen Städten entstand eine neofaschistische Jugendszene und eine von ihr gejagte Linke. Die Eltern, Lehrer und Behörden im Osten waren damals überfordert und mit sich selbst beschäftigt. Auch sie mussten den vollständigen Wandel verkraften, kämpften selbst, um einen neuen Platz in der gewandelten Gesellschaft zu finden und gaben den Jüngeren wenig Schutz oder Zuversicht. Der Regisseur Andreas Dresen drehte über diese Generation den Film *Als wir träumten*, der auf dem Roman von Clemens Meyer basiert, und auch Peter Richter hat diese Zeit in seinem Buch *89/90* eindrücklich festgehalten.

Die Struktur des Wandels bestand in Ostdeutschland lange Zeit darin, dass der ehemals staatliche Besitz der DDR privatisiert wurde, die durch die Privatisierung entstandenen Kosten aber vergesellschaftet wurden. Die Kosten der Privatisierung – Massenarbeitslosigkeit, massenhafte Abwanderung von Fachkräften aus den unterentwickelten Ost-Bundesländern in den Westen und die Abwicklung der industriellen Ruinen – wurden durch die Gesellschaft in Form von Abgaben wie dem Solidaritätszuschlag oder Steuereinnahmen finanziert, die u.a. in groß angelegte Arbeitsbeschaffungsmaßnahmen (ABM) flossen, mit denen die Umbruchsarbeitslosigkeit im Osten gemildert werden sollte. So spürte die Mehrzahl der Menschen in den alten Bundesländern, dass sie für die Investitionen im Ostens viel Geld bezahlten, hingegen der Eigentumstransfer gen Westen, oft von Fördermitteln begleitet, eigentlich nur in den neuen Bundesländern wahrgenommen wurde.

Zu dieser Zeit fing man an, Ostdeutsche als »Jammer-Ossis« zu bezeichnen, als Leute, die sich ständig über alles beschweren. Tatsächlich war die Herausforderung ein eher stiller, alltäglicher Prozess – welche Versicherung brauche ich, wieso wird mein Berufsabschluss nicht anerkannt, wieso müssen Kinder nach vier Jahren die Schule wechseln und auf welche, wie funktioniert das Steuersystem, das neue Punktesystem der Ärzte? Es war die Zeit der Massenabwanderungen, um sich in den alten Ländern, oft in den grenznahen Regionen, durchzuschlagen. Viele meiner ehemaligen Klassenkameraden, die Landmaschinenbau gelernt hatten, fuhren von Thüringen nach Bayern oder Hessen, um eine neue Arbeit zu finden. Andere gründeten eine kleine Baufirma und lebten von städtischen Aufträgen, wieder andere gingen zu großen Landmaschinenherstellern in die USA, zu Hause aber fand kaum jemand Arbeit.

Große Berühmtheit erlangten Anfang der 90er die Proteste der 700 Kalikumpel in dem ostdeutschen Dorf Bischofferode, die von bis zu 15 000 Unterstützern aus der Region begleitet wurden. Es war die letzte Arbeiterrevolte in Deutschland und sie endete mit einer Niederlage. Eine Tochterfirma der BASF fusionierte mit ihrem ostdeutschen Konkurrenten in Bischofferode und ließ das Werk danach stilllegen, was den neuen Eigentümern obendrein mit einem »Verlustausgleich« von 1,04 Milliarden DM vergütet wurde. Gegen diese Politik protestierten mehr als 40 Arbeiter und Sympathisanten über 80 Tage mit einem Hungerstreik, um die Stilllegung des profitablen Betriebs abzuwenden. Die Protestierenden besuchten den Papst und organisierten einen Protestmarsch zur Treuhandanstalt nach Berlin, aber es nützte nichts – die Arbeiter und Arbeiterinnen sahen sich als Opfer einer insgeheim eingefädelten Restrukturierung der westdeutschen Kali-Industrie; die Salzproduktion wurde 1993 eingestellt, was den Steuerzahler bisher fast zwei Milliarden gekostet hat. Einige der ehemaligen Kalikumpel sind heute mit dem Rückbau ihres ehemaligen Betriebs beschäftigt, die meisten aber sind arbeitslos oder weggezogen.

In Bulgarien spricht man derzeit von einer »demografischen Panik«, weil ein Drittel der Bevölkerung in den letzten 20 Jahren das Land verlassen hat. Wer singt in 30 Jahren noch bulgarische Lieder, wer kümmert sich um die Alten? In Ostdeutschland sind viele Regionen mittlerweile deindustrialisiert. Nach der Wiedervereinigung ist fast ein Viertel der ursprünglich ostdeutschen Bevölkerung in den Westen gezogen. Bereits 1989/90 waren es 800 000 Menschen. Laut einer von der Wochenzeitung *Die Zeit* zitierten Emnid-Studie herrschte damals in Ostdeutschland eine depressive Stimmung, »wie sie noch nie und nirgends zuvor gemessen wurde«. Vor allem Frauen zogen in den Westen. Erst 30 Jahre nach der Wiedervereinigung stoppt die Abwanderungsbewegung – zum einen, weil kaum noch jemand da ist, der abwandern könnte, und zum anderen, weil mittlerweile Städte wie Leipzig oder Potsdam wieder Zuwanderer auch in ihrem Umland anlocken.

Diese Fakten sind nachlesbar, aber dennoch ist es nicht so, dass sich diese Entwicklungen in den überregionalen Medien zu einem Bild der wirklichen Lage im Ostdeutschland jener Jahre zusammensetzen. Nicht nur fehlt in unserem medialen Gedächtnis die Erfahrung der Selbstermächtigung und Zuversicht, die sich 1989/90 mit der demokratischen Mobilisierung eines ganzen Landes verbunden hat. Es fehlt auch die dunkle Seite dieser ostdeutschen Passage hinüber ins alte Deutschland der Bundesrepublik. Seit der Maueröffnung habe ich all die Legenden der 68er gelernt und ihren Stolz erlebt, den Muff von 1000 Jahren unter den Talaren davongeweht zu haben. Aber es mufft schon wieder. Warum interessiert sich heute nur McKinsey für bestimmte Aspekte und Methoden der Planwirtschaft oder andere Formen von Wert- und Lohnberechnungen, wie sie im Osten entwickelt wurden, wenn sie bei der Beratung von Firmen westlicher Länder damit umgehen müssen, dass ein fachliches und öffentliches Meinungsbild entstanden ist, demzufolge unsere Art zu wirtschaften diesen Planeten auffrisst und wir demnach nach Reformideen suchen sollten. Der kapitalistische Internationalismus ist dabei, sich der demokratischen Mitbestimmung der Massen zu entziehen, aber von den Experimenten des verachteten Ostens lernen nur die Geheimberater. Warum weiß heute jeder, was die *Kommune 1* war, aber kaum jemand kennt Bärbel Bohley oder das *Neue Forum,* bzw. wer von uns weiß noch, was zwischen 1989 und 1993 bei den Demonstrationen auf der Straße, in den Betrieben, Theatern und Universitäten im Osten vorgeschlagen und gefordert wurde? Ich fürchte, und nehme mich davon selbst nicht aus, wir haben dieses Wissen nie wirklich adoptiert.

Die Generalaussprache über die Lage und Zukunft des Landes, dieses Andersdenken von gesellschaftlichen Spielregeln und demokratischer Mobilisierung, wie es sie bis dahin nicht gegeben hatte – all das wird heute verdrängt von den Bildern der Maueröffnung, in denen das Sentiment alles Visionäre und Reformatorische überstrahlt. Und wie der frohe Erfolg dieser Revolution fehlt auch die negative Amplitude der späteren Kahlschlagjahre in unserem gesamtdeutschen Erinnerungsverhalten. Neben dem zeitgleichen Wirtschaftsaufschwung der 90er im Westen blieben die ostdeutschen Kahlschlagjahre nur eine Schattenwahrheit. Wo die Amplituden des Glücks und Schmerzes aber derart unsichtbar werden, entsteht in den neuen Ländern ein Ressentiment, das nicht ein Derivat der DDR-Geschichte ist, sondern die Folge einer strukturellen Gewalt der Mehrheitsgesellschaft, deren Selbstbild sich auf das von innerdeutschen Nettozahlern und Aufbauhelfern beschränkt. Genau diese Haltung aber erzeugt trotz bester Absichten ein geisterhaftes Land.

Wir finden oder riskieren bis heute keine Sprache für diese »Schattengeschichte«. Das Generationenversprechen, dass es der nächsten Generation besser geht als der vorherigen, hat sich durch Hartz IV und die Neoliberalisierung in Ost und West aufgelöst. Die alte Logik des Wirtschaftswunders funktionierte bis in die frühen 90er, danach wurden vor allem die Reichen reicher und die soziale Schere öffnet sich seither stetig weiter. Auch im Westen reicht die Rente für viele nicht mehr zum Leben, der Niedriglohnsektor, die Mehrfachbeschäftigungen, die Folgen der Industrie 4.0, die entsicherten Lebensbedingungen, all das grundiert unseren Alltag inzwischen deutschlandweit, und das Selbstbild unseres Landes, das sich als reich und sozial gerecht empfindet, ist mit jedem Jahr *fiktiver* geworden. Bis die Trugbrecher der AfD kamen, die nicht nur jene urbane Mittelstands-Blase durchstoßen hat, die viele der prekären Entwicklungen nicht ernst nahm, sondern tatsächlich rechtes und rassistisches Gedankengut anzieht und sagbar macht. Und die Kosmopoliten, ich zähle mich selbst dazu, sehen hilflos, wie sich diese angst- und verleumdungsgetriebene Politik inzwischen durch die gesamte Gesellschaft zieht. Es ist diese Angst vor Kontroll-, Identitäts- und Besitzverlust, die zum Nährbecken einer Partei wie der AfD wurde. Es sind nicht nur die Armen und Abgehängten, die sie wählen, sondern die sich verstoßen Fühlenden sind oftmals alles andere als arm und ungebildet, sie sind vielmehr bewusst rechts und wählen die kräftigste aller möglichen Gesten, um ein System zu verlassen, das sie überfordert und scheinbar nicht braucht. Während wir, die Kosmopoliten, das Bestehende verteidigen und als Begriffswächter des politisch Korrekten agieren, usurpieren die Rechten so den Bruch und den Wandel.

Der einseitig aufgefasste Integrationsprozess der Ostdeutschen ließ nie jene andere Frage aufkommen, ob nach der Auflösung des Ostblocks nicht auch der Westen ein »ehemaliger« wurde – zu lange blieb Deutschland, trotz oder vielleicht auch gerade wegen der Reformen der Schröderjahre Exportweltmeister und die Sparnation Nummer eins. Erst langsam dämmert uns, dass eine neue Großmacht wie China oder das globale Kollapsszenario des Klimawandels die Weltlage neu definieren und Deutschland einen Politikwechsel realisieren muss, weg von einem Produktionssystem hin zu Erzeugersystemen, die auch anderen Akteuren, Ressourcen und lebenden Wesen verpflichtet sind. Ich verbinde mit dem wachsenden Systembewusstsein, und ich meine das breite Bewusstsein von der Fragilität des Systems Erde und unserer gleichzeitigen Erdverbundenheit, eine große Hoffnung. Was sich auch in neuen politischen Bewegungen und ihren andersartigen Kommunikationswegen ausdrückt. Die 1990 abgebrochene demokratische Aussprache setzt sich inzwischen fort – das zeigt sich in einer Bewegung wie *Aufbruch Ost* in Sachsen, die Diskussionen und Ausstellungen zur Ostgeschichte vor Ort macht, aber natürlich auch im Hinblick auf weltweite Bewegungen wie die der Indigenous, des Feminismus oder der Klimaaktivisten.

Wir konnten rückblickend viel lernen aus dem »technischen« Zustandekommen der Wiedervereinigung, das kaum mehr Input »von unten« zuließ und sich in ähnlicher Weise beim Beitritt der osteuropäischen Länder in die EU wiederholte. Die im Eiltempo vollzogenen Gesetzesverfahren wurden, so der Rechtswissenschaftler Jiři Přibáň, intern durch den Druck der »historischen Notwendigkeit« gerechtfertigt, was die demokratischen Diskussions- und Abwägungsprozesse schmerzhaft verkürzte oder ausschloss. Den osteuropäischen EU-Beitrittsländern, und so war es auch für die DDR, blieb so kaum Zeit für demokratische Aussprachen und Verhandlungen. Ähnlich wie mit dem politischen Vereinigungsprozess verhielt es sich bei den kulturellen Entwicklungen in den neuen Bundesländern. Der Publizist Thomas

Irmer spricht im Hinblick auf die Entwicklungen der 90er-Jahre von einer »Treuhand des Geistes«, die, ähnlich wie die Staatsholding der Treuhandanstalt das wirtschaftliche Erbe der DDR abwickelte, deren kulturelles Erbe beseitigte. Sie hatte keinen Firmensitz und war keinem Ministerium unterstellt, sondern wirkte in den neuen Bundesländern dezentral und endemisch. Und sie wirkte so umfassend, weil in den neuen Ländern die eigene Geschichte über Nacht so alt geworden war, so verknüpft mit Scham: Weil man in diesem neuen Land so vieles nicht wusste und kannte und konnte und überhaupt aus Verhältnissen stammte, für die mehrheitlich nur Geringschätzung oder Desinteresse geäußert wurde. Eine der wenigen Ausnahmen war die bereits erwähnte Berliner Volksbühne mit ihrem Intendanten Frank Castorf, der ein Ensemble aus Künstlerinnen und Künstlern schuf, in dem sich Schauspieler und Regisseure aus Ost- und Westdeutschland, Österreich, der Schweiz oder aus Russland auf Augenhöhe und diverse Weise begegnet sind, und die irgendwann selbstbewusst ein OST über ihr sendungsreiches Portal schrieb. Auch einzelne Kunsthochschulen wie die *Leipziger Schule* für bildende Kunst in der Nachfolge von Arno Rink und die Schauspielschule Ernst Busch entwickelten im Nachwendedeutschland eine hohe Attraktivität, da sie in Zeiten der Konzeptkunst gerade aufgrund ihrer »realistischen«

Tradition noch Ausbildungsmethoden vermittelten, die anderswo selten geworden waren. Sonst überlebte in der wiedervereinten Hauptstadt nicht ein einziges ehemaliges Ostberliner Festival die 90er-Jahre, keine einzige DDR-Komposition hat es ins Orchesterprogramm unserer Tage geschafft und statt des Palastes der Republik steht in Berlins Mitte wieder ein Preußenschloss.

Der erste größere Widerstand gegen die kulturelle Entwertung der Ostmoderne war der Protest gegen die Ausstellung *Offiziell und inoffiziell – die Kunst der DDR*, die 1999 von dem Kölner Universitätsprofessor Achim Preiß in Weimar gestaltet wurde. Im ehemaligen Gauforum Weimar präsentierte er direkt neben einer Ausstellung von Nazikunst eine zweite Ausstellung mit Werken von DDR-Malerinnen und -Malern, deren Gemälde wandhoch eng neben- und übereinander vor einem Hintergrund aus grauer Plastikfolie präsentiert wurden, was viele Besucherinnen und Besucher an die Nazi-Ausstellung *Entartete Kunst* erinnerte und dazu führte, dass empörte Künstlerinnen und Künstler ihre Bilder aus der Ausstellung entfernen ließen. Diesem *Weimarer Bilderstreit* folgte vor zwei Jahren ein *Dresdner Bilderstreit*, der sich durch die verminderte Präsenz von DDR-Kunst im dortigen Albertinum entzündete. Während in der DDR-Kunst-Abteilung Dresdens, aber auch in anderen ostdeutschen Sammlungen, durch neue, in der Regel westdeutsche Direktionen ganz selbstverständlich und für mich nachvollziehbar westdeutsche Positionen eingefügt wurden, wurde es als abwegig empfunden, wenn in den Sammlungen der Moderne oder Gegenwartskunst z.B. in Stuttgart, München oder Hamburg in gleicher Dichte Arbeiten aus dem Osten gezeigt werden sollten. Nachholen muss nur der Osten. Gute »Ostkünstler« waren lange Zeit nur Künstlerinnen und Künstler, die den Osten verlassen haben – Georg Baselitz, A.R.Penck oder Gerhard Richter. Wo hängen heute Werke von Hermann Glöckner außer in Dresden?

Seit drei Jahrzehnten muss Ostdeutschland zum Westen aufschließen. Seit drei Jahrzehnten wird die ostdeutsche Situation von Medien besprochen, die westdeutsch geleitet und dominiert sind, ihre Zweifel an der demokratischen Reife der neuen Länder hegen und sich selbst bestätigen, ohne *sich selbst* zu hinterfragen. Andere Sichtweisen sind eher auf der Ebene des Bürgerjournalismus oder bei freien Radiostationen wie *Radio Corax* im Netzwerk *88vier* zu finden, die, wie der *Aufbruch Ost*, von Geschichtsinteressierten, Aktivistinnen und Aktivisten, Journalistinnen und Journalisten unter 30 geprägt werden. Ich glaube daher, dass die wirkliche Wiedervereinigung mit dieser Generation beginnt. Es scheint, dass das demokratische Intermezzo von 1989/90 in deren Verständnis von Geschichte einen Platz gefunden hat, als ein Zwischenraum, in dem die *Demokratie* da war, aber der Kapitalismus noch nicht. Ein solches Intermezzo ist in unserer Welt nur höchst selten zu erfahren und es gleicht in meinem Leben bis heute einer starken, aufgeladenen Batterie.

Die 1989/90 bearbeiteten Fragestellungen liegen dicht an aktuellen Ideen einer erdverbundenen Perspektive und Diplomatie, wie sie Bruno Latour in seiner Netzwerk-Akteur-Theorie entwirft, oder einer feministischen Kapitalismuskritik, wie sie Silvia Federici entwickelt, der zufolge die systematische Entwertung der Arbeit der Frau in den Zeiten der ursprünglichen Akkumulation von Kapital einen »Normalzustand« generiert hat, der bis heute das selbstverständliche, Frauen benachteiligende Bild von Produktivität und Reproduktion, Kindererziehung, Sexualität oder Familienleben prägt. Die Fragestellungen von 1989/90 sind aber auch insofern fruchtbar, weil sie uns für die weltweite Kluft zwischen den Gewinnern und Verlierern sensibilisieren. Erst in aktivistischen Intermezzi, die den »alternativlosen« Lauf der Dinge infrage stellen und das unaufhaltsame »Weiter so« aushebeln, erst in Revolutionen wie in Osteuropa 1989, *Occupy Wall Street,* den Protesten in Hongkong oder den Klimastreiks von

Fridays for Future entstehen neue Bilder und Sprachen jenseits der alten Terminologie des Westens. Denn diese ist noch immer durchtränkt vom Sendungsbewusstsein des alten Europa, das Kultur und Wohlstand zu »bringen« vermeint und nicht hinhört, was ihm die Verlierer und Vaganten zwischen Delhi und Melbourne, Sibirien und Rio Negro an Erfahrungen vermitteln könnten. Denn sie, so bitter es klingt, haben unser Wirtschaften und Herrschen überlebt, weil sie eine andere Macht verteidigen, die politisch ist, wie Latour sagt, aber nicht staatlich, und weil sie das Globale und Lokale in ihrem Lebensterrain auf neue Art zu verbinden gelernt haben.

Der tschechische Soziologe Michal Kopeček spricht im Rückblick auf das späte 20. Jahrhundert Europas von einer »langen Wende« zwischen den späten 70er-Jahren bis zu den 2000ern und meint damit eine sozial-kulturelle und mentale Konvergenz beider Seiten des Eisernen Vorhangs, die gemeinsam die Krise der Hochmoderne durchlaufen und die neoliberale Wende vorbereitet haben. Global gesehen, so Kopeček, sprechen wir hinsichtlich der demokratischen 89er-Revolutionen über eine »Ausnahme« im Vergleich zur langen, welthistorischen Welle der Wenden zum autoritären Kapitalismus in China und Vietnam, der Türkei, Russland oder Brasilien. Deshalb ist unser ostdeutsches Intermezzo so interessant.

Nach der enormen politischen Mobilisierung und Zuversicht, die alle demokratischen Revolutionen von 1989 in Osteuropa geprägt haben, führten die neoliberale Revolution mit ihren sozialen Härten und die administrativ-technisch dominierte Beitrittsform zur EU zu einem Vertrauensverlust in die Demokratie in genau diesen osteuropäischen Ländern. Wenn wir die Geschichte aus der Perspektive der Verlierer betrachten, könnten wir hören, wie unser System wirklich funktioniert und wenn wir für einen Moment Kategorien wie »freie Marktwirtschaft« oder »liberale Demokratie«, durch die wir uns nur zu leicht als unschuldige Fortschrittsagenten verstehen, beiseitelassen, hören wir auch wieder jenes Rumoren neuer Gedanken, das diese basisdemokratischen Intermezzi erzeugen, wenn sie wie 1989 in Leipzig und Berlin oder auf der Wall Street in New York die Pausentaste der Geschichte drücken.

Der Trick, sich außerhalb des Systems zu verorten, der für mich in meiner Jugend so bequem war, ist heute ein Trick aus alten Zeiten. Ihn spielen gegenwärtig die Populisten und Superreichen wie Donald Trump, die mit dem Finger auf uns zeigen und das System insgeheim übernehmen und ausbeuten, von dem sie behaupten, nicht dazuzugehören. Die Populisten kulturalisieren soziale Konflikte und machen sie zu Auseinandersetzungen um Identität und Heimat. Keinem Wähler, der ihnen eine Stimme gegeben hat, wird es dadurch besser gehen, da Chancengleichheit oder soziale Gerechtigkeit nicht auf ihrem Programm stehen. Diese Politik wird weder den Klimawandel bremsen noch die soziale Frage lösen. Hingegen sind die Geschichten der historischen »Verlierer« ein Schatz des Andersartigen, die in ihren Welten andere Konzepte von Verbundenheit, Arbeit, Wissen und Vernetzung entwickelt haben. *Das* unserer gemeinsamen Erzählung hinzuzufügen, wäre für mich der Anfang einer *verwobenen* Geschichte.

Auch wenn es eine gängige Sichtweise ist, dass die Iranische Revolution, *Occupy Wall Street* oder der Arabische Frühling gescheitert sind, denke ich, dass diese Bewegungen dennoch erfolgreich waren. Sie rückten die Frage nach der politischen Kontrolle des Finanzsystems ins Bewusstsein, die wachsende Schere zwischen Verlierern und Reichen und zeigten, wie Zensur umgangen werden kann. Sie haben unser Verständnis davon verändert, was wir als »normal« empfinden und Markierungen geschaffen, die den Diskurs der Mehrheitsgesellschaft verändern. Diese Mehrheitsgesellschaft der weißen, heterosexuellen Männer nennt Luca Di Blasi die Gesellschaft der »Geschonten«, die seit jeher vergleichsweise unmarkiert blieb, also z. B. weder schwarz, queer, migrantisch oder ostdeutsch ist und deshalb ihre eigene Perspektive als neutral und universal versteht.

Ich verstehe meine Arbeit, nicht im umfassenden oder ausschließlichen Sinne, aber in einem hohen Maße inzwischen als ein Empowerment Ost und einen Versuch, dieser paternalisierenden »Normalität« entgegenzuwirken. Unser Versuch von *occupy history*, also Stimmen hörbar zu machen, die dem Besprochenwerden der Ostdeutschen durch die Mehrheitsgesellschaft andere Sichtweisen und Erfahrungen zur Seite stellen, ist für mich ein Anfang. Und ich sehe diesen Versuch natürlich in der Nähe zu postkolonialen Politiken, wie sie in Deutschland nicht zuletzt durch das Entstehen des Humboldt Forums geführt werden, an dessen Stelle einmal der Palast der Republik der DDR stand.

Nun, das war jetzt ein sehr mäandernder und persönlicher Blick auf die Entwicklung der Beziehungen zwischen Ost- und Westdeutschen. Und obendrein habe ich sehr lange gesprochen. Ich freue mich, dass ich hier, in Platons Garten, sprechen konnte. Lassen Sie uns durchatmen und darüber diskutieren. Es gibt vieles, was wir gemeinsam haben, denke ich, vieles, was man mit den jüngsten Entwicklungen in Griechenland vergleichen kann.

POKA YIO: Wie sieht Ihre Zukunftsprognose aus?

T. O.: Vor Kurzem ist in Deutschland ein Video eines jungen Mannes namens Rezo erschienen. Niemand weiß, wie er wirklich heißt, er ist ein Influencer auf YouTube mit blauer Locke und nicht älter als 26. Eine Woche vor der Europawahl hat er ein 55-minütiges Video mit dem Titel »Die Zerstörung der CDU« veröffentlicht. Er analysiert darin die Politik der Koalition aus SPD und CDU der letzten zwölf Jahre, mit niederschmetterndem Fazit, und innerhalb von zehn Tagen haben 13 Millionen Menschen dieses Video geschaut und die Medienresonanz führte zu einer Regierungskrise. Rezo hat mit diesem Dossier sicher den Ausgang der Wahl mit beeinflusst. Die etablierten Parteien haben das Video zunächst nicht ernst genommen und fanden keine angemessene Antwort darauf. Rezo argumentierte in der Sprache eines Mediums, in dem niemand Zeit hat, aber er hat einen evidenten Flow von Argumenten und Einschätzungen entwickelt, der faszinierend klar ist. Plötzlich ging es ums Ganze und da sprach jemand, der den Countdown hört und erklärt, was der Klimawandel bedeutet und wie wenig bzw. nahezu nichts die große Koalition in Deutschland bislang dagegen getan hat. Er sprach über die wachsende Einkommensschere und unsere Verwicklung in den Drohnenkrieg der USA, der über die amerikanischen Militärbasen in Rammstein ermöglicht wird. Es war schockierend ehrlich und logisch. Dieser Film wurde so rasend schnell populär, dass ich dachte – das ist Aufklärung und Politisierung in einer anderen Form, die beharrlich und genau ist und die Sprache wechselt. Das ist vielleicht nicht die Antwort auf Ihre Frage, aber was ich damit sagen will, ist: Die Altersgenossen von Rezo, Greta Thunberg oder Online-Journalistinnen und -Journalisten wie Tilo Jung kämpfen um ihre, um unsere Zukunft. Sie haben keine Lösung parat, aber das müssen sie ja auch nicht. Sie erzwingen vielmehr eine große Aussprache. Die soziale Frage kehrt, in unerwarteter Gestalt, in dieser Generation zurück – und das wird die Zukunft sicher prägen.

HELEN DIMOS: An einer Stelle, als Sie die ostdeutsche Revolution beschrieben haben, haben Sie gesagt, dass die Menschen eine Sehnsucht hatten oder eine Perspektive, die weder das kommunistische System wollte, aus dem sie kamen, noch das kapitalistische System des Westens. Das war nur eine kurze Zeitspanne, aber können Sie ein bisschen mehr darüber sagen, was sich da entwickelt hat, oder was die Position der Aktivistinnen und Aktivisten war?

T. O.: Es gab viele, die sich damals für einen »dritten Weg« aussprachen. Der dritte Weg bedeutete: nicht Kapitalismus, nicht Sozialismus, sondern etwas dazwischen. Obwohl heute von der Wendezeit eigentlich nur noch das Pathos der Maueröffnung präsent ist, gab es damals zahlreiche Positions- und Zukunftspapiere von Bürgerbewegungen und sich neu gründenden Parteien, die das Land reformieren wollten, ohne in einer Ellenbogen- oder Konsumgesellschaft zu landen. Drei Wochen nach der Öffnung der Mauer veröffentlichten Schriftstellerinnen und Schriftsteller und Intellektuelle der DDR einen Aufruf mit dem Titel »Für unser Land«, der sich gegen die abzeichnende Konföderation und für den Erhalt der DDR als sozialistische Alternative zur Bundesrepublik aussprach. Auch der ostdeutsche, vom Zentralen Runden Tisch in Auftrag gegebene Entwurf für eine neue Verfassung beinhaltete Vorschläge zum Beispiel zur Privilegierung genossenschaftlichen Wohneigentums. Landbesitz sollte in öffentlicher Hand verbleiben, zumindest auf dem Gebiet der ehemaligen DDR. Für die DDR-Übergangsregierung von Hans Modrow waren die Kollektivierung von Betrieben und die Umwandlung von staatseigenen Firmen in Kombinate und Holding-Gesellschaften eine der diskutierten Möglichkeiten. Wie kann man Volkseigentum und Demokratie verbinden? Im sozialistischen System der DDR gehörte formal »alles dem Volk«. Aber in der Realität bedeutete das, dass niemandem irgendetwas gehörte, außer dem Staat. Der dritte Weg wäre eine Möglichkeit gewesen, das zu ändern. Aber es blieb nicht genug Zeit. Am 28. November legte Kanzler Helmut Kohl sein »Zehn-Punkte-Programm zur schrittweisen Überwindung der Teilung Deutschlands und Europas« vor. Damit übernahm Westdeutschland im Prozess der Verhandlungen zur Wiedervereinigung die Initiative und Kontrolle. Zu dieser Zeit existierte noch das Modell Jugoslawien, das eine Art dritten Weg darstellte und es gab die Bewegung der Blockfreien Staaten, zu denen auch viele afrikanische Länder gehörten, die sich entschlossen hatten, unabhängig zu sein und weder in die Nato einzutreten, noch in den Warschauer Pakt. Aber mit dem Ende des Kalten Krieges wurde Deutschland mit seinen 80 Millionen Einwohnern das bevölkerungsreichste Land Europas, die EU erweiterte sich nach Osteuropa und der Euro wurde eingeführt – all die alternativen Modelle sind in den 90er-Jahren verschwunden.

WILLIAM ROWE: Glauben Sie, dass die Wut, die Sie erwähnt haben, und die Gefühle von tiefer Enttäuschung … Glauben Sie, es ist möglich, dass Bewegungen diese Gefühle aufnehmen und auch im großen Rahmen in völlig neue Richtungen kanalisieren können, oder geht das nur im kleinen Rahmen? Verstehen Sie, was ich sagen möchte?

T. O.: Ich glaube, ich verstehe. Sie fragen, ob ein linker Populismus möglich ist?

W. R.: Ich würde gerne wissen, ob es eine Alternative gegeben hat! Diese Gefühle existieren. Meine Frage ist, ob man den Populismus mit all diesen Gefühlen in eine linke Massenbewegung umwandeln könnte … Haben Sie so etwas gesehen, haben Sie darüber nachgedacht, haben Sie so etwas bemerkt?

T. O.: Heute sehe ich Bewegungen junger Menschen wie *Fridays for Future* oder *Extinction Rebellion*, die auf eine positive Weise disruptiv und breitenwirksam geworden sind. Aber wenn Sie mich nach den 90ern fragen – ja, es gab solche Momente, zuletzt bei dem Arbeiteraufstand von Bischofferode, da waren noch einmal die Stimmen der Bürgerbewegung und eine Art Volksbewegung zu hören. Durch den abrupten Strukturwandel und die Massenarbeitslosigkeit in den neuen Ländern erhielt die SED-Nachfolgepartei PDS in den 90ern großen Zulauf, aber sie wurde von den etablierten Parteien systematisch von der Regierungsarbeit ausgeschlossen und ihr Parteichef Gregor Gysi im Parlament regelrecht vorgeführt und ausgelacht. Diese Blockade gegen linksorientierte Parteien führte gerade im Osten dazu, dass die Protestwähler dann rechts wählten. Ob man das zurückholen kann? Die Bürgerbewegung hatte ein ganz anderes Politikverständnis, das basisdemokratisch und parteifern war. Das war ihre große Kraft, aber wurde auch zu ihrer Schwäche. Das erinnert sehr an die Gezi-Park-Bewegung, den Syntagma-Platz, die Revolution in Tunesien, Ägypten, *Occupy Wall Street* – sie haben die Regierung herausgefordert und den Geist ihrer Zeit tief verändert. Aber dann? Vielleicht müssen wir es anders betrachten: Wenn ich mir anschaue, wie wir heute mit Themen wie der Kolonialgeschichte umgehen, der Stellung der Frau, der weltweiten Situation von Migranten, dem Klimawandel, dann muss ich sagen, dass solche Themen in den Köpfen aller Menschen angekommen sind – damit befasst sich nicht mehr nur eine kleine eingeschworene Gruppe. Nicht, dass schon alles in Ordnung wäre und die Restitution von geraubtem Kulturgut in vollem Gange, aber es gibt in der jüngeren Generation eine, wie soll ich sagen, Ich-Pflicht, die Fragen von der Basis aus stellt und nach persönlichen Antworten fragt: Isst du Fleisch? Fliegst du? Hast du gespendet? Es ist auch eine Gefahr, dass die Systemfrage so individualisiert wird, aber auf alle Fälle wirkungsvoll. Es gibt heute kein relevantes Podium mehr mit ausschließlich sechs Männern; *me too* wirkt. Das meine ich mit der Form der Revolution des 21. Jahrhunderts. Das ist nicht die alte Form der Revolution, wo ein paar Guerilleros die Macht übernehmen, das System von oben nach unten verändern und dann die neuen Herrscher werden und das gleiche Übel begehen wie ihre Vorgänger. Dagegen ist die Revolution, die wir jetzt sehen, nicht so einfach als Revolution erkennbar, oder der linke Populismus.

UNBEKANNTER DISKUSSIONSTEILNEHMER: Warum gibt es keine Partei der Ostdeutschen?

T. O.: Tja, ich denke, eine solche Partei wäre ein Albtraum, zumindest für mich. Denn sie würde auf einem Konzept von Identität basieren, das sich durch Blut, Herkunft und Land definiert. Ostdeutscher zu sein, ist außerdem kein Konzept oder Programm. Aber in einem allgemeineren Kontext verstehe ich die Frage. Natürlich ist es notwendig, die Erfahrungen und die Perspektiven der Ostdeutschen sichtbar zu machen. Sie sind eine Minderheit – gerade mal 17 Prozent der Deutschen sind aus dem Osten. Die ältere Generation hat ihre Lebensgeschichte fast verloren. Wenn man eine 40-jährige Ostdeutsche nach der Revolution von 1989 fragen würde, wäre ihre Antwort wahrscheinlich: »Die Menschen haben für den Fall der Berliner Mauer demonstriert und für die Wiedervereinigung.« Dieses Narrativ des »Befreitwerdens« – diese Vorstellung von einem weichen und nahtlosen Prozess – haben die Ostdeutschen heute selbst verinnerlicht. So funktioniert Kolonialisierung: Man beginnt, das Narrativ der Mächtigen zu übernehmen. Wahrscheinlich ist es dennoch gut, dass es auch keine spezifisch ostdeutsche Bewegung gibt.

MARIA PSYCHA: Was bedeutet es heutzutage, ostdeutsch zu sein? Was bedeutet es für einen jungen Menschen, der nach dem Fall der Berliner Mauer geboren wurde? Wie definiert er oder sie sich selbst? Soweit ich mich erinnere, und ich weiß noch, dass ich danach gefragt habe, als ich in Berlin war, war es so, dass die Antwort lautete: »Was meinst du? Ich bin Deutscher.« Dadurch, dass sie nach der Mauer geboren wurden, sind sie in einer anderen Situation aufgewachsen als Sie.

T. O.: Absolut. Ich bin eine Art Fossil, jemand, der die DDR gerade noch mit erwachsenen Augen gesehen hat. Was Sie sagen, stimmt, aber vielleicht auch deshalb, weil Sie in Berlin gefragt haben. Wenn Sie jemanden in Schwerin oder Erfurt fragen, werden Sie merken, dass es dort noch, oder vielleicht sogar wieder eine Rolle spielt, auch wenn der Rucksack, den die jungen Leute dort mit sich tragen, nicht mehr mit den Geschichten gefüllt ist, die ich erzähle. Das ganze Ost-West-Thema war sowieso nie wirklich relevant für Menschen, die in Westdeutschland geboren und aufgewachsen sind. Sie waren immer einfach Deutsche. Demgegenüber beobachte ich in Ostdeutschland heute eine Generation, die nach der Öffnung der Mauer geboren wurde, und die sich selbst als ostdeutsch bezeichnet, obwohl sie dieses Land physisch nicht mehr erlebt hat. Das ist doch seltsam und hat für mich eher mit einem Phänomen zu tun, das Soziologen *othering* nennen, also eine Identitätsbildung durch die Konstruktion der eigenen Andersartigkeit. Dass heute ein 25-Jähriger aus Chemnitz von Westdeutschen als »Ossi« bezeichnet wird, ist Normalität. Darüber berichten viele junge Menschen, die zur Ausbildung in alte Bundesländer gegangen sind. Ich vergleiche das mit der dritten Generation von Migranten, die eine Zuschreibung erfährt und eine Art künstliches, aber wieder inniges Verhältnis zu dem Herkunftsland ihrer Vorfahren entwickelt, weil sie diese Andersartigkeit, die ihr unterstellt wird, nun in etwas Aktives und Attraktives verwandelt.

M. P.: Aber so empfinden doch sicher nicht alle Menschen in Deutschland.

T. O.: Nein, das ist ein Minderheitenphänomen. Die Mehrheitsgesellschaft erzeugt ständig solche Behauptungen einer Abweichung, wodurch sie sich selbst zu einer Gruppe formt. Diese Aussagen über die eigene Andersartigkeit werden und wirken so »normal«, dass man sie kaum noch bewusst wahrnimmt – wie oft wurde und wird gesagt: »Der ostdeutsche Liedermacher, ostdeutsche Politiker oder Schriftsteller …« Hingegen wird kein Künstler als »westdeutscher Autor oder Maler« präsentiert. Sie sind Deutsche.

FRANCESCO KIAIS: Ich verstehe, was Sie sagen, und ich erinnere mich, dass die deutsche Wiedervereinigung mehr einer Invasion geähnelt hat als einer reziproken Integration. Ich denke, was die Menschen in Ostdeutschland durchgemacht haben, ist vergleichbar mit dem, was mit den Ländern passiert, die von Europa vereinnahmt worden sind. Ich erinnere mich, dass wir alle ein vereintes Europa wollten. Aber ich denke, was bei den Ostdeutschen passiert ist, führt zu Reaktionen, die wir heute in verschiedenen Teilen Europas sehen, und zwar das, was wir rechten Populismus nennen. Vielleicht haben sie auch dieselben Gründe dafür. Vielleicht haben die Menschen das Gefühl, dass sie nicht repräsentiert werden, oder dass ihre Bedürfnisse nicht berücksichtigt werden; sie finden möglicherweise, dass die strukturellen Änderungen innerhalb der Gesellschaft falsch durchgeführt wurden. Ich denke, es gibt Parallelen zwischen der ostdeutschen Erfahrung und der Erfahrung von Menschen, die übernommen worden sind …

JOULIA STRAUSS: … von den Vereinigten Staaten von Europa. Aber das Gute ist, dass nicht nur diese hysterischen, emotionalen Bewegungen auftauchen. Eine neue Bewegung der Solidarität hat sich gebildet. Wir sind die neue Bewegung der Blockfreien Staaten.

T. O.: Das wäre schön.

JAMES SIMBOURAS: Ich glaube, wir erleben gerade ein System in einer Sackgasse. Alles verändert sich sehr schnell, und nach der neoliberalen Zerstörung erwachen die Märkte wieder zu neuem Leben. Ich kann kurz anhand meiner eigenen Erfahrungen erklären, was ich meine. In dieser ganzen Zeit hat meine Generation keine normale Arbeit finden können. Allerdings fördert es auch die Kreativität, wenn man fernab vom Markt lebt. Die politische Macht ist zu weit weg, als dass man direkt mit ihr interagieren könnte, verbarrikadiert wie das Parlament am Syntagma-Platz. Es gibt diese Kollektiv-Bewegungen, wo in einem Moment etwas passiert und dann sofort wieder verschwindet, weil es sich selbst auffrisst. Und dann gibt es inmitten all dieses Chaos und dieser Hoffnungslosigkeit auf einmal emanzipatorische Momente. Plötzlich ist die Angst wie weggeblasen. Wir haben die Materialien. Lasst uns zusammen etwas machen. Wir alle gemeinsam; lasst uns rausgehen und etwas erschaffen, uns etwas ausdenken. Lasst uns zum Beispiel neue Arten der Nachhaltigkeiten finden. So erlebe ich es. Dass es diese Grundhaltung gibt von: »Alles ist möglich. Warte ab, es wird sich schon etwas ergeben.«

T. O.: Das ist tatsächlich sehr ähnlich.

JOULIA STRAUSS: Ja, jetzt ist es das. Wir reden ja hier und heute auch, um diejenigen zu ehren, die wussten, was passieren würde. Sie haben von den Menschen erzählt, die nicht in den Westen gegangen sind. Wer sind diese weisen und wachen Menschen, können Sie uns etwas über sie sagen? Diejenigen, die sich damals entschieden haben, zu bleiben.

T. O.: Ich kann Ihnen ein Beispiel geben, von einer Künstlerin, die ich unlängst kennengelernt habe. Man könnte sagen, sie war die Erfinderin feministischer Kunst in der DDR. Vielleicht nicht die »Erfinderin«, aber eine sehr frühe Repräsentantin und Ermöglicherin von feministischer Kunst: Gabriele Stötzer. Sie ist bildende Künstlerin, Schriftstellerin, Filmemacherin und Aktivistin. Als Studentin bewunderte sie einen Schriftsteller, den ich auch sehr schätze, Jürgen Fuchs, vielleicht haben Sie von ihm gehört. Er war Psychologe und Schriftsteller in der DDR und wurde wegen seiner kritischen Haltung von der Stasi inhaftiert, 1977 zwangsausgewiesen und von der Stasi im Westen weiter überwacht. Die Methoden, die die Stasi angewandt hat, um sein Leben zu zerstören, nannten sich »Zersetzungsmaßnahmen« und er hat darüber erschütternde Bücher geschrieben. Ich glaube, die Bekanntschaft mit Jürgen Fuchs war sehr wichtig für Gabriele Stötzer. Sie zog als junge Frau aus einem kleinen Dorf nach Erfurt, studierte dort nach ihrer Berufsausbildung Kunsterziehung und Germanistik und wurde Teil des Künstlerkreises um Jürgen Fuchs in Jena, der 1975 politisch unliebsam wurde, um es freundlich zu sagen. Gabriele Stötzer ging es bald ähnlich – sie wurde 1976 von der Hochschule in Erfurt exmatrikuliert, weil sie einen regimekritischen Kommilitonen verteidigt hat. In dieser Zeit war einem anderen Künstler, Wolf Biermann, der in den 50er-Jahren wegen seiner linken Überzeugungen von Hamburg in die DDR gezogen war und später als Sänger und Liedermacher von Protestsongs berühmt wurde, von der DDR-Regierung nach einem Konzert in Köln die Einreise nach Ostberlin verweigert worden. Viele Intellektuelle in der DDR sammelten Unterschriften, um seine Rückkehr zu ermöglichen. Auch Gabriele Stötzer schrieb in Erfurt einen solchen Protestbrief auf ihrer Schreibmaschine, und weil sie den Brief getippt hatte, stand sie in der Unterschriftenliste gegen die Ausbürgerung von Biermann auch an erster Stelle. Für die Stasi sah es daher so aus, als sei diese junge Frau die Anführerin der Erfurter Oppositionsbewegung und sie sperrten sie ein halbes Jahr ins Stasi-Gefängnis. Ich habe es vor ein paar Wochen mit ihr besucht. Damals wurde sie wegen Staatsverleumdung verurteilt und musste noch mal ein Jahr in das berüchtigte Frauenzuchthaus in Hoheneck. Gabriele Stötzer war und ist eine sehr starke Person. Sie hat erzählt, dass sie während ihrer Zeit im Gefängnis das perfide System in diesem Land verstanden hat – die politischen Gefangenenverkäufe an den Westen und die Zwangsarbeit der Frauen im Gefängnis, die Waren für westliche Firmen produzierten. Aber die Frauen dort – es waren größtenteils Kriminelle, nicht politisch Gefangene wie sie – entwickelten untereinander eine gewisse Solidarität. Sie sah, dass Kriminelle ein Leben hinter Gittern als ihr Leben akzeptiert hatten: Lebe da, wo du bist. Dadurch begriff sie etwas von der Macht des Lebens. Man kann dem Leben nichts vorwerfen. Wenn man im Gefängnis ist, findet das Leben eben genau hier und jetzt statt. Die Frauen haben dort elend gelitten, ich würde sagen, sie wurden gefoltert, aber sie haben unter sich auch getanzt, sich tätowiert und geliebt. Von den Kriminellen und durch das Leben im Gefängnis hat Gabriele Stötzer außerdem gelernt, was sie vermeiden muss, um nicht wieder in den Knast zu kommen und verstanden, dass das Leben dann stattfindet, wenn man den Moment lebt.

Als sie aus dem Gefängnis entlassen wurde, bot ihr die Stasi eine Ausreisegenehmigung nach Westdeutschland an. Sie lehnte ab. Und begann zu schreiben. Als die einzige freie, nicht-staatliche Galerie in Erfurt 1980 geschlossen werden sollte, übernahm sie diese von einem Maler gegründete *Galerie im Flur* und begann, Werke aus der alternativen Künstlerszene auszustellen und eine Gemeinschaft aufzubauen, größtenteils eine Gemeinschaft von Frauen, was schließlich zur Gründung der *Künstlerinnen-*

gruppe Erfurt führte. Gabriele Stötzer wurde unablässig von der Stasi überwacht, ihre Galerie geschlossen, aber sie drehte Super-8-Filme, fertigte Künstlerbücher und bot Performances dar. Sie ging bewusst nicht weg aus der DDR und, wie man sagt, wehrte sich täglich. Es war jedes Mal sehr schmerzhaft für Gabriele Stötzer, wenn einer oder eine ihrer Freundinnen und Freunde das Land verließ, oft nach jahrelang gewachsenen, intensiven Beziehungen. Interessanterweise arbeiten Geheimdienste ähnlich und versuchen zu ihren Informanten auch familienartige Verhältnisse aufzubauen. So etwas braucht viel Zeit. Stötzer erkannte, dass das der Stasi bei Frauen sehr viel schwerer fiel und sie darum Frauen nicht so vertraute. Wenn man sich die Liste der inoffiziellen Mitarbeiter der Stasi anschaut, findet man tatsächlich nur sehr wenige Frauen. Stötzer blieb also in der DDR, bildete eine Gruppe von Frauen und entwickelte mit ihnen verschiedene Formen der Zusammenarbeit und des Zusammenlebens. Die Mitglieder ihrer Gruppe gingen aufs Land, um dort unter freiem Himmel zu malen, sie tanzten zusammen, machten Musik und Filme und veranstalteten Modeperformances. Mitten in dieser dunklen DDR-Provinz waren sie ein Eiland der Freiheit und es kamen Künstlerinnen und Künstler aus Berlin und dem ganzen Land in ihre winzig kleine Galerie, solange sie bestand. Sie hatte natürlich nie genug Geld. Sie besetzte leerstehende Mietshäuser unweit des Doms und richtete dort spartanische Werkstätten in der Tradition des Bauhauses ein. Dort stellte sie mit anderen Frauen Dinge her, die sie verkaufen konnten. Sie ließen sich nicht unterkriegen. Rückblickend hat mich die Geschichte dieser Gemeinschaft sehr berührt. Ich wohnte damals gerade mal 30 Kilometer von Erfurt entfernt, ohne dass ich sie mitbekommen hätte. Die Stasi observierte Stötzer fast 25 Jahre lang. Sie hat versucht, ihr Privatleben zu zerstören, doch am Ende war es Gabriele Stötzer, die im Dezember 1989 die erste Besetzung einer Stasi-Zentrale in der DDR organisierte. Gemeinsam mit anderen Frauen hat sie damals die Vernichtung der Stasi-Akten, ihrer eigenen Akten, in Erfurt verhindert und landesweit ein Zeichen gesetzt. Aber es ging eben auch darum, ihre unabhängige und einzigartige Arbeits- und Lebensweise zu verteidigen.

Ich glaube, die schwierigste Zeit für sie ist jetzt. Vielleicht würde sie protestieren, aber alles wurde Geschichte. Ihr Gegner ist tot. Der einzige Gegner ist das Vergessen. Direkt nach der Revolution hatte sie die Mission, die Stasi-Unterlagen zu retten. Die friedliche Revolution in der DDR war übrigens die einzige in der Geschichte, bei der ein Geheimdienst durch das Volk aufgelöst wurde. Und die Aktion von Gabriele Stötzer und ihren Verbündeten ist wirklich unglaublich. Sie ging am 4. Dezember 1989 direkt ins Büro des Bürgermeisters, überrumpelte sein Vorzimmer und sagte ihm: »In der Stasi-Zentrale werden Unterlagen vernichtet. Sie müssen dort hingehen und das verhindern, denn diese Unterlagen gehören dem Volk. Wenn die Stasi jetzt Unterlagen über das Volk, die dem Volk gehören, vernichtet, dann ist das ein Gesetzesverstoß.« Diesen naiven und zugleich fundamentalen Standpunkt wiederholte sie später gegenüber dem Polizeichef und zur gleichen Zeit gingen andere Frauen in die großen Fabriken und sprachen dort mit den Arbeitern. Sie stellten den Kontakt zur Universität her, zur Kirche, gingen zur Parteileitung der SED und Gabriele Stötzer erstattete am Schluss sogar noch Anzeige wegen Aktenvernichtung beim obersten Staatsanwalt von Erfurt, der sie natürlich noch von früher kannte. Gemeinsam schafften es diese Frauen, eine Art Blockade um die Stasi-Zentrale herum zu errichten und später sogar in das Gebäude hineinzugehen und die Aktenvernichtung zu stoppen. All das wurde möglich, weil Gabriele Stötzer und diese Frauen entschieden hatte, zu bleiben, und nicht in den Westen zu gehen.

Als der Westen zu ihr kam, war sie verloren. Nein, nicht verloren, sie war im 1990 gegründeten Bürgerrat und Bürgerkomitee und an der Gründung des Erfurter »Künstlerhauses« beteiligt. Aber es begann eine lange Zeit des »danach«, in der die DDR-Geschichte immer uninteressanter wurde und ich würde sagen, sie hat 25 Jahre gebraucht, um sich zu erholen. Sie hatte immer nur gekämpft. Ende der 90er zog sie dann in die Niederlande und begann ein neues Leben. Mittlerweile, etwa seit zehn Jahren, wird ihre Arbeit als Künstlerin endlich wieder wahrgenommen, sowohl ihre Arbeit aus der Zeit der DDR als auch danach. Wir beginnen langsam, dieser Zeit der DDR und ihren weniger bekannten Protagonistinnen und Protagonisten mehr Aufmerksamkeit und Respekt entgegenzubringen und ich bin für Ihre Frage wirklich dankbar. Gabriele Stötzer ist einer dieser Menschen, die Großes vollbracht haben und mittlerweile auch Anerkennung erhalten. Das einzige Museum in der DDR, das sich nicht nur mit den Opfern und Tätern des DDR-Regimes befasst, sondern auch mit den Revolutionären und ihrer Kreativität und ihren Taten, die den Wandel ermöglicht haben, befindet sich in Erfurt, und ohne Gabriele Stötzer wäre es nicht da. Ich liebe ihre Filme, ihre Textilien und Keramiken, die sie als Künstlerin geschaffen hat, aber ihr größtes Kunstwerk ist die Gemeinschaft, die sie hervorgebracht hat – das Frauen-Kollektiv, diese Gruppe von Menschen. Sie benötigte diese Struktur, um als Künstlerin überhaupt kreativ sein zu können, um diese Texte zu schreiben oder morgens in die kalte Werkstatt zu gehen und zu weben. All diese freien Orte zu schaffen und gleichzeitig diese lichten Verbindungen zwischen Menschen aufzubauen, das war ihre Kunst. Hilf deinen Freunden zu überleben, beschaff ihnen Hilfe, wenn sie sie brauchen, sorge dafür, dass sie eine gute Zeit haben, das war es im Grunde. Gabriele Stötzer hat mal zu mir gesagt: »Ich bin allein in einen Wald gegangen. In einen sehr dunklen Wald …«

JOULIA STRAUSS: Ja, so wie wir …

T. O.: So wie wir gerade. Es ist dunkel geworden inzwischen.

JOULIA STRAUSS: Es fällt nicht leicht, eine Frage zu stellen nach dieser eindringlichen Geschichte.

TASOS SAGRIS: Ich werde es mal versuchen. Ich möchte so etwas wie einen Kommentar beisteuern. Für mich scheint es, als habe die Situation 1989 in Ostdeutschland nicht die Kraft zur Gründung eines alternativen Systems gehabt. Es gab dieses Spektakel der Freiheit, es gab die Rave-Welle, die Feierstimmung überall im Westen, den Strudel der Freiheit. Warum strebten die Menschen in Ostländern so verzweifelt nach der Freiheit der kapitalistischen Länder? Ihr Erfolg blieb eine Illusion. Wenn man die Möglichkeiten der kommunistischen Länder, sich in einer gerechteren kommunistischen Weise zu entwickeln, genauer untersucht, stößt man auf die Chancen der Horizontalität – einer Revolte gegen die Hierarchie der Partei und die Möglichkeit der Selbstbestimmung von Gemeinden. Wir Rumänen haben diese Möglichkeit mit Sicherheit nicht gehabt.

T. O.: Ja, in Ansätzen gab es das. Der Aufruf »Für unser Land« vom November 1989, von dem ich gesprochen habe, ist ja über 1,2 Millionen Mal unterschrieben worden und es wären sicher noch mehr geworden, wenn der letzte Parteichef der SED nicht auch unterschrieben hätte. Wenn man sich das heute durchliest, war es sehr hellsichtig, was in diesem Text als drohende Möglichkeit aufgezeigt wurde – die Übernahme der DDR zu den Bedingungen der Bundesrepublik ist genau so gekommen. Was Sie beschreiben, hat die Bürgerbewegungen, das *Neue Forum* und die Vereinigte Linke sehr bewegt, auch Politiker wie Oskar Lafontaine im Westen. Es ging um den Versuch, das eigene Land selbst neu zu erfinden. Die Solidarność in Polen war von horizontalen Strukturen der Entscheidungsfindung geprägt. Für mich war Jugoslawien am dichtesten dran an einem anderen Weg. Und die Latte hängt hoch. Wie Walter Benjamin sagte: Der Kapitalismus stirbt. Aber er stirbt sehr erfolgreich. Die seltsame Frage lautet: Wie können wir innovativer oder revolutionärer sein als der Kapitalismus selbst? Man kann sich das nur schwer vorstellen. Denken Sie an den Wandel vom Besitzen zum Teilen, und die Fähigkeit des Kapitalismus, alles zu kommerzialisieren, was irgendwie geteilt werden kann oder mit einem Austausch zusammenhängt, bis hin zu unseren sozialen Beziehungen, unseren Genen und unserem Wissen. Auch die östliche Moderne war in ihren grundsätzlichen Prinzipien modern und als Massenutopie, wie es Susan Buck-Morss in *Dreamworld and Catastrophe* beschrieb, in vielem dem Westen ähnlich. Was ich damit sagen will, ist, dass »revolutionär« heutzutage fast immer etwas mit Technologien zu tun hat und nichts mehr mit einem anderen Gesellschaftsentwurf. Auch weil alles, was von »oben« oder einem oder einer allein kommt, sich irgendwie falsch anfühlt. Vielleicht kommt die nächste Revolution von Gaia. Vielleicht spricht sie mit uns durch Viren oder Urwaldmedizin, wie in der Science-Fiction, darauf haben wir keine Antwort.

JOULIA STRAUSS: Doch, die haben wir. Revolution beginnt immer an der gleichen Stelle: hier und jetzt. Indem wir uns erden. Indem wir uns selbst wieder kennenlernen, während die gegnerische Macht uns alles Leben zu entziehen versucht. Indem wir den Garten schützen, während die anderen Mächte versuchen, aus ihm Kapital zu schlagen. Und deshalb würde ich Sie gerne bitten, während wir uns hier, in dieser wunderbaren und außergewöhnlichen natürlichen Umgebung befinden, an diesem öffentlichen Ort, uns mehr darüber zu erzählen, wie man rechtliche Institutionen und Bereiche des Umweltschutzes einrichten kann wie in Ostdeutschland. Die existierenden Bereiche sind wertvolle Fragmente dieser Revolution von 1989, die eine Inspiration für unsere Revolution sein können.

T. O.: Ein positiver Effekt der Wiedervereinigung war zum Beispiel tatsächlich, dass es zwei Naturschützern aus der ehemaligen DDR inmitten des großen Trubels, der 1990 bei der eiligen Gestaltung des Einheitsvertrags herrschte, gelungen ist, die Einrichtung des Nationalparks Müritz in den Gesetzestext einzubringen. Hans Dieter Knapp und Michael Succow hatten damals erkannt, dass man dieses einzigartige und sehr große Naturreservat im Norden Ostdeutschlands schnell schützen muss, damit keine Verkäufe oder Nutzungspläne entstehen. Durch diese Umweltschützer und ihre Unterstützer wurde die Einrichtung dieses Nationalparks zu einer Bedingung der letzten DDR-Regierung bei den Verhandlungen zum Einheitsvertrag. Eine wichtige Rolle spielte auch, dass die Aktivisten einen Mitarbeiter im Bundesumweltministerium in Bonn fanden, der von ihrem Plan begeistert war und ihnen half, ihre Forderung entsprechend der Formalien zu formulieren und innerhalb nur eines halben Jahres durch die Instanzen zu bringen. Das ist eine der schönen und erfolgreichen deutsch-deutschen Geschichten. Es gibt eine großartige Dokumentation darüber. Es ist der dritte Film aus der Reihe »Wer braucht den Osten?«, die 2018 vom MDR produziert wurde.

T. O.: Was ist das für ein Geräusch im Hintergrund?

P. Y.: Das kommt von der Kirche, es ist gerade Gottesdienst.

JOULIA STRAUSS: Unsere Feierlichkeiten gehen morgen in der Kunsthochschule Athen weiter. Thomas wird eine Brücke schlagen zwischen der Diskussion heute und dem Thema, mit dem er sich im Rahmen seiner Ausstellungen umfassend auseinandergesetzt hat, der Immersion.

T. O.: Falls Sie sich für dieses Thema interessieren: Die Diskussion wird sich nicht mit Virtual Reality beschäftigen oder davon handeln, was wir als immersives Museum bezeichnen, wo z. B. die Wände wackeln und Staub von der Decke rieselt, wenn von einem Erdbeben die Rede ist. Immersion ist ein Begriff, der in der deutschen Sprache bis vor Kurzem kaum verwendet wurde und anders als im Englischen auch keine Alltagsbedeutung hat, vergleichbar etwa jener, wenn dort von eindringlichen Erfahrungen gesprochen wird. Im Deutschen verwendete man den Begriff in den 90ern in der Medienwissenschaft, als die ersten Datenhandschuhe und VR-Brillen auf den Markt kamen. Wirklich populär wurde er erst 2016 durch unser gleichnamiges Programm bei den Berliner Festspielen, das direkt vom Parlament und Kulturministerium gefördert wurde. Und wir haben dieses damals eher entlegene Wort gewählt, weil sich die künstlerische Praxis im Theater und der bildenden Kunst gewandelt hat, in einem Bereich, der mit den aufkommenden Google-Brillen eher wenig zu tun hatte. Für mich ist »Immersion« die Metapher für eine Situation, in der man die Gegensätzlichkeit von Subjekt und Objekt überwindet. Das ist der Quantensprung, das, was James Lovelock intuitives Wissen und Handeln nennt. Die intensivste Erfahrung von Immersion ist die Liebe, sagt Ed Atkins. Immersion ist also immer mit der Erfahrung von Grenzauflösung verbunden – ich schaue nicht auf etwas, sondern erlebe mich *in* etwas. Immersiv sind natürlich auch alle Formen der Trance oder absoluten Virtuosität, wie das Richard Sennett am Beispiel des Einswerdens von Instrument und Spieler beschrieb. Astrophysiker des LIGO, die vor einigen Jahren die Gravitationswellen nachgewiesen haben, arbeiten heute mit Künstlerinnen und Künstlern zusammen, um ihre Theorien intuitiv erfahrbar zu machen. Das Klima ist ein immersives System, das auf Feedbacks der verschiedensten Akteure, menschlicher wie nichtmenschlicher, beruht und dem ich mich nicht gegenüberstellen kann. Große Aufmerksamkeit haben wir daher auch der deutschen Wiedervereinigung geschenkt, die aus unserer Sicht ein riesiger immersiver Prozess war, der nach dem Verschwinden der Grenze zwei verschiedene Mentalitäten, Traditionen und Sozialkörper ineinander gleiten ließ. All das spielt in die Veranstaltung morgen mit hinein: Der erste Teil befasst sich mit der abstrakten philosophischen Dimension des Phänomens Immersion, das man von religiösen Praktiken kennt, aber auch aus der Technologie, aus der Meditation, und so weiter. Der zweite Teil wird dann Immersion etwas enger als ein spezifisches *Genre* betrachten, also die ästhetische Kategorie und entsprechend spezifische Werkformen untersuchen, denn immersiv im Sinne von »eindringlich« ist natürlich vieles und schon immer gewesen, aber als Genre ist das etwas relativ Neues. Jeder Film, der sie zu Tränen rührt, ist in einem allgemeinen Sinne immersiv, also eindringlich. Aber immersiv im Sinne eines Genres ist etwas, das aufhört, ein gerahmtes Bild zu sein. Im Theater wird etwas immersiv im Sinne eines speziellen Genres, wenn z. B. das Portal verschwindet – ich bin dann mittendrin im Geschehen. Wenn es mich umgibt und aufnimmt, sprechen wir von immersivem Theater als einem Genre. Sie merken, für mich wurde der Begriff Immersion eine Art Leitvokabel, um die Veränderungen in der Welt um mich herum, in all den feedbackbasierten Umgebungen der Technologie, Kommunikation oder Wirtschaft, besser zu verstehen. Aber er drängte sich vor allem auf, weil die Arbeiten der Künstlerinnen und Künstler selbst den Schauplatz des Kunstwerks verändert haben, indem sie den Rahmen auflösen und komplexe *Systeme* bauen, statt stillgestellte Objekte. Sie lockern also die alten Rituale des Theaters und der Museen, wenn sie heute diese anderen Formen von raumbasierten Aufführungen und zeitbasierten Ausstellungen schaffen, die in Echtzeit prozessieren und uns komplett umgeben. Auf diese Weise ändern immersive Kunstformen unser Verständnis davon, wie wir Kunst erleben und was Institutionen heute leisten sollten. Gemeinsam mit Tino Sehgal habe ich in Berlin eine Ausstellung zu diesem Thema gestaltet, die wir »Welt ohne Außen« genannt haben, denn in etwas einzutauchen, entsprechend der englischen Wortbedeutung von »immerse«, bedeutet, auf einmal nicht distanzierter Beobachter, sondern selbst im *Zentrum* zu sein. Was die Menschen nicht dumm macht und wehrlos, sondern auf eine andere Weise wissend. So wie unsere Gruppe ja auch in etwas eingetaucht ist in den vielen Stunden hier im Garten der Akadimia Platonos. Wie Joulia schon gesagt hat, war Platons Garten die erste Bildungseinrichtung, die versucht hat, einen Zustand der Immersion zu erzeugen.

JOULIA STRAUSS: Wir, die wir hier versammelt sind, sind dabei, dieses Koordinatensystem zu verändern. Vielen Dank.

LITERATUR UND MATERIALIEN

Arbeitsgruppe »Neue Verfassung der DDR« des Runden Tisches: Entwurf der Verfassung der DDR. Mit einer Präambel von Christa Wolf, Basisdruck, Berlin, 1990

Bejeng Ndikung, Bonaventure Soh: Those who are dead are not ever gone. On the Maintenance of Supremacy, the Ethnological Museum and the Intricacies oft the Humboldt Forum. Archive Books, Berlin, 2018

Berliner Festspiele / Immersion: Palast der Republik. https://www.berlinerfestspiele.de/media/2019/immersion_2019/immersion19_downloads/immersion19_palast_broschuere.pdf

Bohley, Bärbel u. a.: 40 Jahre DDR … und die Bürger melden sich zu Wort, Büchergilde Gutenberg / Hanser Verlag, 1989

Böeick, Markus: Die Treuhand. Idee, Praxis, Erfahrung 1990–1994, Wallstein Verlag, 2018

Buden, Boris: Zonen des Übergangs. Vom Ende des Postkommunismus, Suhrkamp Verlag, 2009

Buck-Morss, Susan: Dreamworld and Catastrophe. The Power of Mass Utopia in East and West. Cambridge, MA: The MIT Press, 2000

Di Blasi, Luca: Der weiße Mann. Ein Anti-Manifest, Transcript Verlag, Bielefeld, 2012

Federici, Silvia: Caliban und die Hexe. Frauen, der Körper und die ursprüngliche Akkumulation, Mandelbaum, Kritik & Utopie, Wien, Berlin, 2018

Foroutan, Naika: Die postmigrantische Gesellschaft: Ein Versprechen der pluralen Demokratie, Transcript Verlag, Bielefeld, 2019
Fuchs, Jürgen: Einmischung in eigene Angelegenheiten, Rowohlt Verlag, 1984
Havels, Vaclav: Neujahrsrede 1989/90. In: Das Jahr 1990 freilegen. a. a. O., S. 7ff
Hertzberg, Max: Stealing the Future. (East Berlin Series #1), Wolf Press, 2015
»Ostdeutschland holt auf: Jahresbericht zum Stand der Deutschen Einheit«, Deutsche Bundesregierung, Berlin 2019. https://www.bundesregierung.de/breg-de/aktuelles/stand-der-deutschen-einheit-1674894
Jan Wenzel u. a.: Das Jahr 1990 freilegen. Remontage der Zeit, Spector Books, Leipzig, 2019
Kollmorgen, Raj: ›Exit West‹. Fünf Thesen zur Geschichte der (ost)deutschen Transformationsforschung, in: Zeitgeschichte-online, März 2019, URL: https://zeitgeschichte-online.de/themen/exit-west
Kowalczuk, Ilko-Sascha: Die Übernahme. Wie Ostdeutschland Teil der Bundesrepublik wurde, Verlag C.H.Beck, 2019
Latour, Bruno: Das terrestrische Manifest, Suhrkamp Verlag, 2017
Lovelock, James: Das Novozän, C.H.Beck, 2020
Mau, Steffen: Lütten Klein: Leben in der ostdeutschen Transformationsgesellschaft, Suhrkamp Verlag, 2019
Meyer, Clemens: Als wir träumten, S. Fischer Verlag, Frankfurt/Main, 2006
Neumann, Elke / Kunsthalle Rostock: Palast der Republik. Utopie. Inspiration. Politikum. Katalog zur Ausstellung, Mitteldeutscher Verlag, 2019
Nichelmann, Johannes: Nachwendekinder, Ullstein Buchverlag, 2019
Oberender, Thomas (Hg.): Occupy History. Gespräche im

Palast der Republik dreizehn Jahre nach seinem Verschwinden, Verlag der Buchhandlung Walther König, 2019
Reis, Olaf: Un-Ort – Der Palast, die Utopie und die DDR. In: Neumann, Elke: Palast der Republik, a. a. O.
Richter, Peter: 89/90, Luchterhand Literaturverlag, 2015
Rosenfeld, Elske u. a.: Zur Verfassung. Recherchen, Dokumente 1989–2017
Stötzer, Gabriele: Die bröckelnde Festung, Verlag Kirchheim, 2002
Tschammer Anne-Kerstin: Sprache der Einheit. Repräsentation in der Rhetorik der Wiedervereinigung 1989/90, Springer VS, Wiesbaden, 2019
Wolfram, Klaus: Das war der Zustand, aus dem wir gekommen waren. In: Abwärts!, Heft 35, 2020

FILME UND WEBLINKS

»Aufbruch Ost«: https://www.facebook.com/pages/category/Political-Organization/Aufbruch-Ost-329189019083605З/
Die Zeit: Zur innerdeutschen Migrationsbewegung, in: ZEIT Studie »Das Vermächtnis«: https://www.zeit.de/2019/20/vermaechtnis-studie-deutschland-ergebnisse-gelassenheit-heimat-vertrauen
Dritte Generation Ost: http://netzwerk.dritte-generation-ost.de
Dresen, Andreas: Als wir träumten. Spielfilm nach dem Roman von Clemens Meyer, Deutschland, 2015
Herskovits, Alberto und Laurence McFalls: »Open Memory« box: https://open-memory-box.de
Kloepfer, Inge und Jobst Knigge: D-Mark, Einheit, Vaterland: Das schwierige Erbe der Treuhand, Dokumentarfilm, MDR, 2019

Schlingensief, Christoph: Das deutsches Kettensägenmassaker, Spielfilm, Deutschland, 1990
Schmidt, Tilo: Der Verfassungsentwurf des Runden Tisches 1990, Deutschlandfunk, Länderreport, »Deutsche Rufe« Nr. 10 vom 14.7.2019: https://www.deutschlandfunkkultur.de/deutsche-rufe-10-der-verfassungsentwurf-des-runden-tisches.1001.de.html?dram:article_id=325399
»Wer beherrscht den Osten?« (2 Teile), MDR Dokumentation, 2016
»Wer braucht den Osten?« (3 Teile), MDR Dokumentation, 2018
»Wer bezahlt den Osten?« (3 Teile), MDR Dokumentation, 2019

BEMERKUNG ZUM TEXT

Der im Original frei gesprochene Vortrag wurde in englischer Sprache gehalten und erschien unter dem Titel »Occupy History. Decolonisation of Memory. The East German Revolution and the West German Takeover« bei Krytyka Polityczna Athens, 2019.

EMPOWERMENT OST basiert auf der Abschrift meines an diesem Abend gesprochenen Vortrags, für die ich insbesondere Joulia Strauss, Tania Hron, James Simbouras und Yorgos Theodorakis danken möchte. Für die deutsche Übersetzung danke ich Benjamin Mildner. Ich habe die Abschrift für die deutsche Ausgabe überarbeitet und aktualisiert.